간접적인 언어와
침묵의 목소리

LE LANGAGE INDIRECT ET
LES VOIX DU SILENCE

간접적인 언어와
침묵의 목소리

LE LANGAGE INDIRECT ET
LES VOIX DU SILENCE

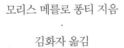

모리스 메를로 퐁티 지음

·

김화자 옮김

책세상

일러두기

1. 이 책은 메를로 퐁티Maurice Merleau-Ponty의 논문 〈간접적인 언어와 침묵의 목소리 *Le langage indirect et les voix du silence*〉를 온전히 옮긴 것이다. 번역 대본으로는 메를로 퐁티의 논문집《기호들*Signes*》(Paris : Gallimard, 1960)에 수록된 텍스트를 사용했다.

2. 주는 모두 후주로 처리했으며, 옮긴이의 주는 (옮긴이주)로 표시했다. 해제의 주는 모두 옮긴이의 주이나 따로 표시하지 않았다.

3. 원서에서 이탤릭체로 강조한 부분은 고딕체로 표시했다.

4. 주요 인명과 책명은 처음 한 번에 한해 원어를 병기했다.

5. 맞춤법과 외래어 표기는 1989년 3월 1일부터 시행된 〈한글 맞춤법 규정〉과《문교부 편수자료》를 따랐다.

간접적인 언어와 침묵의 목소리 | 차례

만일 메를로 퐁티Maurice Merleau-Ponty가 좀더 오래 살아 자신의 사상을 발전시켰다면, 그는 현대 프랑스 철학사에서 지금보다 훨씬 독보적인 위치를 차지할 수 있었을 것이다. 실제로 그의 사상에 비판적이든 호의적이든 현대 프랑스의 많은 철학자들이 메를로 퐁티의 철학에서 직·간접적으로 영향을 받았다는 것은 부인할 수 없는 사실이다. 우리는 그의 철학을 일컬어 '모호성의 철학'——메를로 퐁티 스스로도 인정했듯이——이라고 말하는데, 사실 이보다 더 진솔한 철학은 없을 것이다. 메를로 퐁티 이전의 프랑스 철학은, 인간은 명석하게 판명이 가능한 의식을 가진 인식 주체이기 때문에 목적론적 체계 속에서 세계를 통일적으로 인식할 수 있고, 세계에는 보편적이면서 불변하는 진리가 존재하며, 이성에 의해 산출된 지식은 세계에 대한 완전하고 확정된 인식에 도달할 수 있다는 등의 헛된 믿음을 가지고 있었다. 이에 반해 메를로 퐁티는 인간을 순수하고 사유하는 정신과, 이러한 정신을 지탱해주는 물질적인 육체의 결합체, 즉 분리되어 있는 정신과 육체의 결합체로 보는 시각에 반대하고, 우리가 정확하고 확실하게 알 수 있는 것은 '지금 여기'에 살고 있는 몸의 실존적 상황뿐이라고 주장했다. 즉 분명한 것은 결코 투명하지 않은 세계에 고유한 몸이 존재하고, 몸이 그러한 세계로 향한다는 사실뿐이기 때문에 몸 앞에 주어진 실존적 사태는 객관적이고 분석적인 사유로는 포착될 수 없고, 불투명하며, 모호할 수밖에 없다는 것이다.

메를로 퐁티는 인간의 의식은 감각적으로 실존하는 몸에서 체화體化된 것이므로 의식과 몸을 둘로 나눌 수 없고, 모든 인식과 행위는 인간의 이성이 아니라 바로 각자의 몸에서 출발한다고 생각했다. 한마디로 말해 인간은 사고하는 주체인 코기토cogito로서가 아니라 삶을 살아가는 몸으로서 존재하고 사유할 수 있다는 것인데, 여기에서 세상의 의미는 몸의 체험을 통하기 때문에 늘 개방적이고 발생적이라는, 해석학적인 의미의 모호성이 개입하게 되는 것이다. 우리가 메를로 퐁티의 철학에서 주목해야 할 것이 바로 이 부분이다. 메를로 퐁티는 《지각의 현상학Phénoménologie de la perception》을 통해, 이전의 관념론적 철학과 달리 지각된 세계의 현상에 주목하고, '지각'은 정신적인 주체가 아니라 몸과 대상과의 상호작용이므로 '보는 행위'와 '사유하는 행위'는 서로 분리된 활동이 아님을 주장했다. 이처럼 인간의 몸은 '보는 동시에 보이는 구조'를 지닌 수수께끼와 같은 유일한 존재, 즉 보는 주체인 동시에 보이는 대상이므로 인간은 대상을 객관화하는 정신적인 주체가 될 수 없다. 그는 여기에서 멈추지 않고 한발 더 나아가, 《눈과 정신L'Oeil et l'esprit》, 《보이는 것과 보이지 않는 것Le Visible et l'invisible》에서 '지각된 것'은 '보이는 것'과 '보이지 않는 것'이 교차하며 얽혀 있는 관계라고 정의하고, '보이는 외관'과 '보이지 않는 깊이'를 지닌 양면적인 존재에 '살chair'이라는 개념을 도입해, 인간의 몸뿐만 아니라 사물도 이와 같은 '살'의 양면적 특징을 지니고 있다고 설명했다. 결국 세계는 하나의 '살'로 이루어진 실체라는 것이다. 따라서 메를로 퐁티에게 있어서 '현상'이란 보이는 외관과 보이지 않는 깊이를 모두 잠재적 지평으로 지닌 리얼리티다. 그는 현상과 본질은 나눌 수 없으며, '지각'이란 현상적인 몸이 피부를 열고 대상으로 영역을 확장함에 따라 대상이 몸의 '살'로 변하는 존재론적 조화이기 때문에, 사물을 '본다는 것'은 보는 것인 동시에 사물에 의해 보이는 것이라고 주장했다.

메를로 퐁티는 회화도 이러한 맥락에서 이해했다. 그에게 있어 회화란 가시계의 거울도 아니고, 순수한 자아의 절대적인 주관성으로의 귀환이나 무의식적 환상도 아니다. 단지 모든 것의 근원인 세계에서 '살'이라는 존재가 드러나는 차원을 보여주는 것일 뿐이다. 그는 회화에서 '몸과 정신', '주체와 대상', '나타나는 것과 존재하는 것', '보이는 것과 보이지 않는 것' 등 이분법에서 벗어나는 점을 포착하고, 이와 같은 회화의 표현적 특징이 언어의 표현적 특징과 깊은 관계를 맺고 있음을 밝혀냄으로써 철학과 예술의 유사성을 주장했다. 반성反省 이전의 영역인 지각 체험을 통해 주객主客이 분리되기 전의 불투명한 세계에 침묵으로 접근한 뒤 존재의 신비와 깊이를 개념 없이 펼쳐내는 예술 속에서, 존재의 의미를 드러내고자 하는 자신의 현상학적 태도의 근거를 찾은 것이다. 한마디로 요약하자면, 메를로 퐁티는 철학이 탐구하는 합리성의 모델을 예술에서 찾았으며, 인간의 몸과 세계가 교차하면서 얽혀 있는 '살'의 구조에서 우리의 지각과 해석, 그리고 이해의 가능성을 발견했다.

회화와 언어를 동일한 작업으로 본 메를로 퐁티는, 소쉬르 Ferdinand de Saussure[1]가 이룬 언어학적 성과를 기반으로 하여 기호와 의미를 분리하는 기존의 경험적이고 주지적인 분석을 비판하면서, 목소리나 제스처의 의미는 기호에 내재한다는 존재론을 제시했다. 즉 사건과 그 의미의 대립은 '파롤parole'에 의해 극복된다고 보고, 의미를 내포하는 제스처와 파롤 사이의 유사성을 밝혀낸 것이다. 여기에서 그는 한 단어의 개념적 의미는 몸의 실존적 의미에서 유래한다는 사실에 주목하고, 파롤이나 제스처는 지적 세계가 아닌 감각 세계와 관련이 있으며, 지각 체험에 근거한 언어적 제스처가 타인과의 소통을 가능하게 해준다고 설명했다. 또 목소리는 몸적이고 관념적인 것을 적절히 표현하는 현상이자 몸의 움직임 중에서 타인의 것과 유사하지 않은 가장 원형적인 것이지만, 내면에서 순수하게 자발적으로 발생한 마음의 감정만을 나타내는 기표가 아니라 우리가 세계를 지각하면서 삶을 살고 있는 몸의 일부인 목구멍과 입의 움직임의 결과이기 때문에 말을 해야 비로소 목소리가 의미를 지니게 된다고 해석했다. 메를로 퐁티는 분석되기 전에 몸으로 읊조리는 제스처를 통해 들리는 정서적 의미로부터 생겨나는 시를 예로 들면서 언어학적, 개념적인 의미는 제스처 가운데서 발생하며, 이때 목소리가 사유적인 개념과 감각적인 소리의 교차점이 된다고 보았다. 목소리를 지각된 실재 너머의 보이지 않는 '살'의 침묵적인 소리로 파악해 언어도 가시적인 목소리와 비가시적인 침묵의 이중적 구조를 가진 '살'의 존재를 드러낸다고 본 것이다. 이러한 이해를 통해 메를로 퐁티는 몸으로 감각하는 것이 바로 지식의 시작이며, 인식이든 타자와의 소통이든 모두 지각하는 삶을 통해서만 가능하다는 것을 보여주었다.

몸의 지각을 통해 반성 이전의 것인, 인간과 세계가 하나로 결합되어 있는 '살'을 되찾고자 한 메를로 퐁티는, '살'이라는 야생적 존재의 비결정적이고 모호한 의미가, 철학의 논리적이고 명료한 언어보다는, 간접적 표현인 예술 언어를 통해서 더 확실하게 출현할 수 있다고 보았다. 그는 〈간접적인 언어와 침묵의 목소리Le langage indirect et les voix du silence〉라는 논문에서, 회화와 문학이 반성을 거친 개념적인 언어를 통해 환원되지 않는 불투명한 존재에 침묵으로 접근해서 그 의미를 개시한다고 기술하고 있다. 〈간접적인 언어와 침묵의 목소리〉는 그가 모호하고 가시적인 세계에 중점을 두었던 초기 사상에서 가시적인 세계의 근원이자 의미인 '살'의 존재론을 펼치는 후기 사상으로 넘어가는 과도기에 쓴 글이다. 메를로 퐁티는 이 글에서 합리적 사유의 근거를 찾아 헤매는 회화와 문학처럼, 철학에서도 개념으로 변형되기 이전의 침묵 속에 존재하는 원초적인 파롤을 찾아야 한다고 조언한다. 회화처럼 인간과 세계와의 생생한 관계를 통해 드러나는 존재를 무언으로 표현하고, 수많은 해석을 내포해 하나의 의미로 환원되지 못하는 침묵으로 인도해야 한다는 것이다. 결국 이 같은 언어와 회화의 표현성은, 전통적인 이분법적 경계를 무너뜨리려는 현대의 해체철학에 지대한 영향을 미쳤다. 가시적인 외관과 비가시적인 깊이를 지니고, 보는 주체인 동시에 보이는 대상인 몸의 존재론적 특징을 통해, 주체와 대상의 고정적이고 결정적인 이중성을 극복한 것이다.

　메를로 퐁티가 지적했듯이, 있는 그대로의 환영적인 공간을 그리기를 거부하고 회화라는 장르의 순수한 조형 언어를 찾으려는 모더니즘 운동 속에서 출발한 추상 미술이 재현을 거부하는 대신 취하려 한 것은, 개인의 순수하고 절대적인 정신성이라기보다는 그 정신성의 근원일 것이다. 인간과 자연의 친화적인 관계를 드러내는 생태학적인 작업들, 몸에 관한 담론이 한동안 주춤하는 듯하다가 다시 뜨거운 논쟁거리로 떠오르고 있는 것도 이런 맥락에서다. 이 밖에도 회화와 사진 등의 장르 구분을 없애는 것, 장르가 혼합된 전시회에서 성의 구별이 모호한 중성적이거나 양성적인 몸을 다루는 작품 등이 모두 메를로 퐁티가 말한, 이항 대립을 뛰어넘어 실존적이고 비결정적인 인간의 몸과 성에 대한 '살'의 존재를 드러내는 작업이라고 할 수 있다. 메를로 퐁티가 지향한 것은 모든 실재實在가 분리되기 이전의 상태, 즉 몸과 정신, 여성과 남성, 보는 몸과 보이는 몸, 나와 남, 인간과 자연, 보이는 것과 보이지 않는 것, 꿈과 현실, 가상과 실재 등이 경계를 넘나드는 근원적 세계이거나, 아니면 양쪽 모두를 포함하는 경계 그 자체다.

메를로 퐁티보다 앞서, 힘에의 의지를 외친 니체Friedrich Wilhelm Nietzsche, 노동하는 실천을 중시한 마르크스Karl Marx, 합리적 이성에 가려진 무의식의 층을 알아낸 프로이트Sigmund Freud 등도 이성에 의한 논리 중심적인 근대 주체 철학을 해체하고자 한 탈모더니즘 사상에 지대한 공헌을 했다. 하지만 탈모더니즘에 가장 커다란 영향을 미친 것은 뭐니 뭐니 해도 메를로 퐁티의 '몸의 현상학'과 '살의 존재론'이다. '몸의 현상학'은 인간의 몸과 정신을 이분법적으로 나누는 분리 자체를 거부하면서 인간을 '세계-로의-존재être-au-monde'로 기술하고, 세계와 인간 사이의 관계를 드러내는 지각, 인식, 행위가 삶을 살아가는 몸의 감각적 체험을 통해서만 가능하기 때문에 인식의 보편적 합리성 역시 우연적이고 불투명한 상호 몸성에 입각한다고 보는 이론이다. '살의 존재론'은 세계는 하나의 '살'로 이루어졌기 때문에 인간이 세계의 중심이 될 수 없다는 견해다. 이 두 가지 이론이 탈이성, 탈주체, 탈중심을 외치는 탈모더니즘 사상과 잘 맞아떨어진 것이다.

이처럼 메를로 퐁티가 철학사에 미친 영향이 큼에도 불구하고 그동안 우리나라에서 그의 사상이 진지하게 논의된 적은 거의 없었던 것 같다. 이 책을 번역하게 된 것도 바로 이 때문이다. 또 이미 고전이 되어버린 그의 철학과 예술적 사색이 오히려 지금의 예술 현상을 이해하는 데 더 쓸모가 있다는 사실을 인식하게 된 것도 이 번역을 결심하게 만든 한 동기다. 이 책이 지금 우리 눈앞에 펼쳐지는 예술 세계를 이해하는 데 조금이나마 도움이 되었으면 하는 바람이다.

옮긴이 김화자

간접적인 언어와

침묵의 목소리[2]

장 폴 사르트르에게

우리는 소쉬르를 통해 각 기호가 그 자체로는 아무 의미도 없으며 각각의 기호는 하나의 의미를 표시하기보다는 그것과 다른 기호들 간의 차이를 나타낸다는 것을 알았다. 이와 같은 사실로 미루어 볼 때 랑그langue[3]는 이름terme이 아닌 '차이'에 의해 생성된다고 볼 수 있다. 보다 정확히 말하자면 랑그에서 나온 이름들은 단지 그들 간에 나타나는 차이를 통해서만 만들어진다는 것이다. 이해하기 좀 어려운 개념일 것이다. 상식적으로 생각할 때, 만약 A라는 단어와 B라는 단어의 이름이 아무 뜻도 가지고 있지 않다면 우리는 그 두 단어 사이에 어떻게 의미의 차이가 생기는지 알 수 없으며, 만약 의사소통이 화자의 랑그 전체에서 청자의 랑그 전체로 진행된다면 반드시 그 랑그를 알고 있어야만 대화가 가능하다는 결론이 나오기 때문이다. 그러나 이와 같은 반론은, 제논의 역설이 운동이라는 행위에 의해 극복된 것처럼, 파롤parole의 사용으로 설명될 수 있다. 랑그는 그것을 배우는 사람들보다

선행하고, 저절로 습득되며, 스스로 자신에게 알맞은 설명을 제시한다. 이런 식의 순환논법은, 아마 언어활동langage을 정의하는 데 가장 이상적인 방법일 것이다.

랑그는 습득되는 것이다. 그렇다면 우리는 언어를 습득할 때 부분에서 전체로 나아갈 수밖에 없다. 하지만 소쉬르는 전체가 먼저라고 주장한다. 여기에서 말하는 전체는 문법이나 사전에 기록되어 있는 것과 같은, 완전한 랑그로부터 나온 명료하고 분절된 형태가 아니다. 게다가 소쉬르가 모든 구성 요소들이 원칙적으로 하나의 개념으로 연역될 수 있는 철학 체계의 논리적인 통일성을 고려한 것도 아니다. 그는 분명 기호들에 대해서 '변별적인diacritique' 의미 외에는 어떤 의미도 인정하지 않았기 때문에, 랑그를 기존의 실증적인 이념 체계로 구축할 수 없었던 것이다. 그가 말하는 통일성이란, 서로를 떠받치고 있는 아치의 구성 요소들 사이에서 발견되는 공존의 통일성이다. 이처럼 통일된 집합체 속에서 습득된 랑그는 일부분이라도 곧 전체와 같은 가치를 지니며, 그 과정은 부가와 병치에 의해서가 아니라 이미 그 나름대로 완전한 한 기능의 내적 분절에 의해서 이루어진다. 어린아이들에게 있어서는 우선 단어가 문장의 기능을 하고, 심지어는 몇몇 음소들이 단어처럼 쓰이기도 한다는 것은 이미 널리 알려진 사실이다. 그러나 오늘날의 언어학은 단어——심지어 형식이나 스타일까지도——의 기원에서, 기호에 대한 소쉬르적인 정의가 단어에 대해서보다 더욱 엄밀하게 적용되는 '대립적'이고 '상대적'인 원리들을 떼어놓음으로써 랑그의 통일성을 보다 분명하게 인식하고 있다. 왜냐하면 이러한 랑그의 통일성에서는 그 자체로는 어떤 의미도 없는, 보다 정확히 말하자면 오로지 기호들을 서로 구별해주는 기능만 하는 언어의 구성 요소가 중요하기 때문이다. 따라서 최초의 음소 대립들 사이에 틈이 생기더라도 이후 연속되는 다른 단계들을 통해 메워질 수 있으며, 말의 연쇄는 자기 스스로 자신을 구별 지을 수 있는 다른 방법을 찾아낼 것이다. 중요한 것은, 음소란 파롤이라는 독특한 장치의 순간적인 변형들이라는 것, 그리고 어린아이가 이 변형들을 사용해 기호들 간의 분화différenciation 원리를 터득하며 그와 동시에 기호의 의미le sens du signe를 획득하는 것처럼 보인다는 것이다. 최초로 의사소통을 시도함과 동시에 나타나는 음소의 대립은 어린아이의 옹알이와는 전혀 상관없이 나타나서 전개되고, 옹알이는 일반적으로 음소 대립이 나타나면서부터는 어떤 경우에든 부수적인 역할만 하며, 그 재료들도 진정한 파롤의 새로운 체계에 통합되지 않기 때문이다. 또 음소 대립은, 그 자체만을 목적으로 하는 옹알이처럼 의사소통을 시도하려는 순간에 아무렇게나 하나의 음을 내뱉는 것과는 분명히 다르다. 어린아이는 말하고parle 나서야 비로소 파롤의 원리를 다양하게 적용할 줄 알게 되기 때문이다. 여기에서 소쉬르의 견해가 분명해진다. 어린아이는 음소 대립을 시작하는 즉시, 기호에서 의미로 이어지는 최종적인 관계의 기초가 되는 기호끼리의 측면적latéral 연결——측면적 연결이 문제의 랑그 내에서 수렴한 특수한 형태로——에 들어서게 된다는 것이다. 음성학자들이 이러한 분석을 단어를 뛰어넘어 형식, 구문, 심지어 문체상의 차이로까지 확장할 수 있는 것은, 어린아이들이 최초의 음소 대립을 통해 랑그 전체가 표현 양식인 동시에 파롤을 가능하게 해주는 특수한 방법임을 보여주었기 때문이다. 발화된 랑그 전체는 소용돌이처럼 어린아이를 감싼 뒤 내적 분절을 통해 어린아이를 자극하고, 그 소리가 무엇인가를 의미하게 되는 거의 그 순간까지 어린아이를 몰아간다. 이렇게 말의 연쇄가 끊임없이 교차하다가 어느 날 갑자기 대화를 가시적으로 구성하는 데 필수적인 어떤 음소계가 출현하면 마침내 어린아이는 말문을 트게 된다. 전체로서의 랑그만이 어린아이를 어떻게 언어의 세계로 끌어들이는지, 그리고 어떻게 어린아이가 안에서만 열리는 문의 안쪽으로 들어서게 되는지 설명할 수 있다. 랑그가 내면을 가지고, 결국에는 하나의 의미를 획득하게 되는 것은, 기호가 변별력을 가지고 스스로 구성, 조직되기 때문이다.

기호들의 경계에서 의미가 생겨나듯, 부분 속에서 갑자기 전체가 돌출할 수 있는 현상은 전 문화사에 걸쳐 나타난다. 브루넬레스키Filippo Brunelleschi[4]가 피렌체 대성당의 돔을 건설하면서 지형과의 상관 관계를 고려한 것도 그 일례다. 그렇다고 그가 중세의 폐쇄된 공간을 벗어나 르네상스 시대의 우주적 공간⁵을 발견했다고 말해야 할까? 그러나 단 한 번의 예술 작업을 우주라는 환경으로서의 공간으로부터 자유로워진 것으로 취급하는 데는 무리가 있다. 그렇다면 이러한 공간이 아직 거기에 존재하지 않았다고 말해야 할까? 그래서 브루넬레스키는 하나의 기묘한 장치⁶를 고안해냈다. 반들반들한 철판이 하늘의 광선을 세례당과 시의회 위로 비추면, 이 거울 같은 철판에 그 두 건물의 모습과 함께 이들을 둘러싼 거리와 광장이 반사되도록 한 장치다. 브루넬레스키에게 있어서 공간에 대한 연구와 문제 제기는 중요한 일이었다. 그것은 수학의 역사에서 언제부터 자연수가 시작되었는지 말하는 것만큼이나 어려운 일이다. 우리가 자연수를 역사에 투사하는 것에 대해 헤겔Georg Wilhelm Friedrich Hegel이 언급했듯이, 자연수는 대수가 생기기 이전부터 이미 분수——정수를 연속되는 급수 속에 삽입해놓은 분수——안에 '즉자적en soi'으로 존재했다. 다만 자신의 존재를 알지 못한 채 존재했으므로 '대자적pour soi'으로 존재한 것이 아닐 뿐이다. 마찬가지 이유로 라틴어가 프랑스어가 된 시기를 확실하게 규정하려는 시도도 단념해야 한다. 왜냐하면 문법적인 형식들은 체계적으로 사용되기 이전에 이미 랑그 속에서 효과적으로 작용하면서 명확해졌고, 랑그가 앞으로 일어날 변화까지 오랫동안 잉태하고 있는 경우도 있기 때문이다. 랑그 속에 있는 표현 수단을 일일이 열거하는 것은 의미 없는 일이다. 폐기된 표현 수단들도 언어 속에서 희미해진 생명력을 이어가고 있고, 또 틈이나 필요성, 경향의 형태로서만 가능할지라도 그러한 표현 수단을 대체할 자리가 이미 마련되어 있다. 어떤 원리가 대자적으로 출현한 날짜를 정하는 것이 가능하다고 할지라도 그 원리는 이미 문화 속에 강박관념이나 예견으로서 존재하고 있고, 이러한 문화의 명백한 의미를 인식해야만 그 원리는 오랜 잠복기를 마치고 실제로 사용 가능한 상태에 이르게 된다. 그렇지만 이러한 잠복기가 전혀 잔해를 남기지 않는 것은 아니다. 예를 들어 르네상스 시대의 공간도 나중에 가서는 가능한 회화 공간 중에서 매우 특수한 경우로 간주되었을 것이다. 문화는 이처럼 우리에게 완전히 투명한 의미를 제공하지 않으며, 의미의 발생이란 결코 완성되는 것이 아니다. 우리가 당연하게 진리라고 부르는 것, 우리는 그것을 지식 연대를 결정하는 상징들의 문맥 밖에서는 결코 이해할 수 없다. 기호란 서로 내포되거나 구별되는 방식일 뿐이기 때문에 의미를 따로 떼어놓을 수 없는 기호의 구조를 다룰 수밖에 없다. 그렇다고 우리가 모호한 상대주의라는 쓸쓸한 위로를 받을 필요는 없다. 왜냐하면 이 같은 진행 과정 하나하나가 바로 하나의 진리이며, 미래의 보다 포괄적인 진리 속에 보존될 것이기 때문이다.

언어의 경우, 개개의 기호를 의미 있게 만드는 것이 기호들 간의 측면적인 관계라면, 의미는 단어들 간의 차이, 즉 단어들 간의 교차에 의해서만 나타난다. 이러한 사실은 우리가 습관적으로 언어와 그 의미를 구별하거나 결합하는 것을 금한다. 우리는 사유가 청각적·시각적 지표들을 초월하듯, 원칙적으로 의미도 기호를 초월한다고 생각한다. 또한 일단 각각의 기호들이 고유한 의미를 갖게 되면, 그 기호와 우리 사이에는 어떠한 모호함도 남지 않게 되고 우리에게 생각할 거리조차 주어지지 않는다는 점에서, 우리는 보통 의미가 기호 속에 내재한다고 믿는다. 이때 기호는 청자가 그의 이런저런 생각을 검토하도록 하는 모니터 역할을 할 뿐이다. 그러나 실제로 의미는 말의 연쇄 속에 안주하지 않으며, 연쇄로부터 스스로를 구분 짓지도 못한다. 만일 기호가 다른 기호들을 배경으로 해서 윤곽이 드러나는 경우에 한해서만 무엇인가를 의미한다면, 그 기호의 의미는 완전히 언어 안에 내포되어 있을 것이다. 파롤은 항상 파롤의 토대 위에서 작용하므로 파롤은 발화發話라는 거대한 직물 내에 있는 하나의 주름에 불과하다. 따라서 우리는 파롤을 이해하기 위해서 단어나 형식에 가려진 순수한 사유를 제공하는 내적인 어휘집 lexique intérieur을 참조할 필요가 없다. 단지 우리는 파롤의 생명과 차이, 분절의 운동, 웅변적인 제스처 등에 우리를 내맡기기만 하면 된다. 바로 여기에 언어의 불투명성이 있다. 언어는 어디에도 순수한 의미를 위한 자리를 남겨놓지 않을 뿐만 아니라 오로지 언어적인 것에 의해서만 제한되며, 그 의미는 단어가 박혀 있는 문맥 속에서만 출현하는 것이다. 언어는 문자 수수께끼처럼 기호들의 상호 작용을 통해서만 이해되고, 각각 분리된 기호는 모호하거나 진부할 뿐이며 서로 결합할 때 비로소 의미를 창출할 수 있는 것이다. 듣는 사람에게나 말하는 사람에게나, 언어는 이미 형성된 의미들을 암호화하거나 해독하는 기술과는 전혀 다른 것이다. 다시 말해 언어는 이미 형성된 의미들을 언어적인 제스처의 교차점——언어적인 제스처가 하나의 공통된 합의점으로 보여주는 교차점——에 배치함으로써 그것들을 지표로서 존재하게 만들어야 한다. 사유라는 것은, 사유에 적합한 단어를 찾기 이전에 이미, 우리의 문장이 옮기려고 애쓰는 일종의 관념적인 텍스트로서 존재하고 있다. 작가마저도 자신의 작품과 비교할 만한 텍스트를 가지고 있지 않으며, 자신이 사용한 것보다 앞서는 어떤 언어도 알지 못한다. 만약 작가가 자신의 파롤에 만족한다면, 그것은 그의 파롤이 모델 없이도 완벽하게 균형——파롤이 스스로 조건을 정해놓은 균형——을 이루고 있기 때문이다. 언어는 하나의 수단을 넘어서 생명력을 가진 존재이므로, 지금 우리에게 어떤 존재를 뚜렷하게 제시할 수 있다. 전화기를 통해 들리는 친구의 파롤은 우리에게는 바로 그 자신인 것이다. 말을 걸거나 작별

인사를 하고, 문장을 시작하거나 끝맺고, 또는 말해지지 않은 것들을 통해 대화를 이어가면서 우리 앞에 완전히 현존할 수 있는 것이다. 이처럼 의미가 총체적인 파롤의 움직임인 까닭에 우리의 사유는 언어 속을 배회하고 있다. 또 제스처가 통과 지점들을 하나하나 넘어가듯, 우리의 사유도 언어를 통과한다. 언어가 정신을 가득 채우는 바로 그 순간, 만약 우리 자신을 온전히 내맡기기만 한다면, 언어는 자신을 진동시키지 않는 사유에 대해서는 최소한의 자리도 남겨놓지 않은 채, '기호'를 넘어서 의미로 나아간다. 따라서 그 어떤 것도 우리를 의미로부터 떼어놓지 못한다. 언어는 기호와 의미 간의 대조표를 전제하지 않고 세상의 어린아이들에게 스스로 자신의 비밀들을 드러내어 가르쳐주는, 완전한 드러냄 monstration이다. 언어의 애매함, 집요한 자기 지시, 스스로를 향한 방향 전환과 회귀 등은 언어에 정신적인 힘을 불어넣어준다. 언어는 차례로 사물을 의미로 바꾼 후, 그 안에 사물이 머물 수 있도록 하나의 우주처럼 변하기 때문이다.

만약 언어가 원본 텍스트의 번역이나 암호화된 이본異本이라는 생각을 버린다면 우리는 완벽한 표현이라는 것이 얼마나 무의미한지 알게 될 것이고, 결국 모든 언어는 간접적이고 암시적인, 소위 침묵이라는 사실을 깨닫게 될 것이다. 의미와 파롤의 관계는 이제 더 이상 우리가 항상 생각하고 있었던 것과 같은 그런 정확한 대응 관계가 아니다. 소쉬르는 영어의 'the man I love'와 프랑스어의 'l'homme que j'aime' 가 거의 완벽하게 같다는 것에 주목한다. 영어 문장에는 관계대명사가 들어가지 않았다고 생각할지 모르지만, 사실상 관계대명사의 존재는 한 단어로 표현되는 것이 아니라 단어 사이의 공백을 통해서 언어 속에 녹아든 것이다. 그렇다고 언어에 관계대명사가 함축되어 있음을 의미하는 것은 아니다. 여기에서 함축sous-entendu이라는 개념은, 하나의 언어 (일반적으로 모국어)가 형식으로써 사물 자체를 포착할 수 있으며, 어떤 언어든지 모두 사물 자체에 이르길 원한다면 최소한 은연중에라도 그와 비슷한 수단을 사용해야 한다는 확신을 소박하게 표현한 것이다. 만약 프랑스어가 사물 자체를 포착할 수 있다면, 그것은 프랑스어가 존재의 분절을 있는 그대로 모사해서가 아니다. 그것은 프랑스어가 비록 특수한 어미로 단어 기능을 완전히 드러내지는 못하더라도 관계를 나타내는 명확한 단어를 가지고 있기 때문이다. 이러한 점에서, 프랑스어는 독일어의 격 변화와 러시아어의 동사 변화, 그리스어의 희구법optatif[7] 등을 모두 포함하고 있다고 말할 수 있을 것이다. 만일 프랑스어가 사물을 본뜬 것처럼 보인다면, 프랑스어가 실제로 그래서가 아니라 기호와 기호 간의 내적 관계로 인해 그렇게 보이는 것이다. 그렇다면 'the man I love'라는 문장도 이와 똑같은 경우다. 기호의 부재도 하나의 기호일 수 있고, 표현은 의미의 각 요소에 담화의 요소를 끼워 맞추는 것이 아니라, 돌연 의미로 방향을 바꾸는 언어에 대한 언어의 작용이다. 따라서 말한다는 것은 개개의 사유에 단어를 붙이는 것이 아니다. 만약 그런 것이라면 어떤 것도 입 밖으로 나오지 않을 것이고, 우리는 언어 안에 살고 있다는 느낌 없이 침묵 속에 남게 될 것이다. 왜냐하면 기호는 자신의 의미가 드러남과 동시에 사라질 것이고, 사유는 사유들——기호를 통해 표현하고 싶어 하는 사유와, 지극히 명확한 언어로 형성하려는 사유——외에는 다른 어떤 것과도 만나지 않을 것이기 때문이다. 이와는 반대로 가끔 사유가 말의 지표들로 대체되지 않고 단어에 통합되어 자유롭게 사용되는 경우에는 사유가 이미 발화된 것처럼 느껴진다. 요컨대 단어에는 어떤 힘이 있다는 것이다. 왜냐하면 단어들은 서로 작용하면서, 마치 달의 인력이 조수간만을 유발하는 것처럼, 멀리서부터 사유에 의해 끌어당겨지기 때문이다. 또한 이처럼 복잡한 작용을 하는 단어는 언어학적 의미 작용——이미 예정되어 있고 별 의미도 없는 의미 작용——만을 불러오는 개별 단어들에 비해 훨씬 더 뚜렷하게 의미를 환기시켜주기 때문이다. 언어는 사물 자체를 표현하기를 포기할 때 비로소 진정한 발화로 자리매김한다. 마치 대수학이 어느 정도인지도 모르는 수들을 셈에 포함시키는 것처럼, 파롤은 하나하나 따로 떨어져서는 알 수 없는 의미 작용들을 분화해놓고, 그러한 의미 작용들을 마치 이미 알고 있었던 것처럼 다루면서 이러한 의미 작용들 간의 교류를 통해 어떤 추상적인 그림을 우리에게 제공함으로써, 마침내 가장 정확한 의미를 순식간에 전달해준다. 언어는 사유를 복사하는 것을 포기하고 스스로 해체되었다가 사유에 의해 다시 결합될 때 비로소 어떤 의미를 가지게 된다. 마치 발자국이 몸의 움직임과 노력을 반영하듯, 언어는 사유의 의미를 가진다. 따라서 기성 언어의 경험적 활용과 창조적 사용은 구별해야 한다. 경험적인 활용은 창조적 사용의 결과일 뿐이다. 경험적인 언어로서의 파롤——즉 이미 확립된 기호를 적절히 동원한 파롤——은 진정한 언어의 입장에서 보면 파롤이 아니다. 말라르메 Stéphane Mallarmé[8]가 말한 것처럼, 그러한 파롤은 손안에 얌전히 놓여 있는 못 쓰게 된 동전과도 같다. 이에 반해 참다운 파롤은 무엇인가를 의미해서 결국 '꽃다발에 부재한 것l'absente de tous bouquets'을 현전하게 함으로써 사물 속에 갇혀 있는 의미가 드러나도록 해준다. 따라서 경험적 활용이라는 관점에서 보자면, 참다운 파롤은 침묵일 뿐이다. 왜냐하면 이런 파롤은 일상적인 명칭으로까지는 진전되지 않기 때문이다. 따라서 언어란 원래 사유와 직접적으로 맞아떨어지는 것이 아니라 간접적이고 자율적이다. 만약 언어가 하나의 사유와 사물을 직접적으로 의미하는 일이 벌어진다면, 그것은 언어의 내적 생명으로부터 파생된 이차적인 능력에 불과하다. 작가는 옷감의 안쪽 면을 보면서 작업하는 직조공처럼 뒤쪽에서 일을 한다. 즉 작가는 언어하고만 상대하는데, 그렇게 하다 보면 갑자기 자신이 의미로 둘러싸인 것을 발견하게 된다.

만약 그것이 사실이라면 작가의 작업과 화가의 작업은 크게 다를 바가 없다. 우리는 흔히 화가는 색과 선으로 이루어진 무언의 세계를 통해 우리에게 다가와서 우리 내면의 공식화되어 있지 않은 해독 능력에 호소한다고 말한다. 그래서 우리는 해독 능력을 맹목적으로 실행하고 나서야, 즉 작품을 좋아하고 나서야 비로소 작품을 자세히 뜯어보게 되는 것이다. 반면 작가는 이미 공들여 만들어진 기호들과, 이미 말이 통용되는 세계 속에 머물고 있기 때문에 우리에게 자신이 제안한 기호의 지시에 따라서 의미 작용들을 다시 정리할 줄 아는 능력만을 요구한다. 그렇다면 언어가 단어에 의해서 표현하는 것처럼 단어들 간의 관계에 의해서 표현하는 일도 가능할까? 즉, 언어는 '말하고' 있는 것에 의해서와 마찬가지로 '말하지' 않는 것에 의해서도 표현할 수 있을까? 만일 경험적으로 활용된 언어 속에 숨겨진, 이차적인 능력을 지닌 언어가 있다면, 그렇다면 기호가 색채의 모호한 생명력을 새롭게 이끌어내는 곳은 어디이며 의미 작용들이 기호들의 상호 교류로부터 완벽하게 자유로운 곳은 어디일까?

그림을 그리는 행위에도 두 가지 측면이 있다. 캔버스의 한 부분만 보면 단지 색의 얼룩이나 선에 불과하지만 그 효과는 캔버스 전체에 걸쳐 나타난다. 색의 얼룩과 선 자체는 별것 아니지만, 초상화나 풍경화의 전체적인 분위기를 바꿔놓기에 충분하다. 화가의 붓에 코를 갖다 댈 정도로 아주 가까운 곳에서 화가를 관찰한다면, 화가가 작업하는 이면밖에 보지 못한다. 여기에서 이면이란, 예를 들면 푸생Nicolas Poussin[9]의 붓이나 펜의 미약한 움직임이고, 앞면이란 이러한 붓의 움직임에 의해 빛이 비쳐든 곳이다. 카메라가 마티스Henri Matisse[10]의 작업을 저속으로 촬영한 적이 있는데, 찍혀 나온 모습이 마티스 자신도 감동할 정도로 굉장했다고 한다. 육안으로 보면 단순히 하나의 행위에서 다른 행위로 넘어가는 것인 바로 그 붓놀림이, 마치 세계의 시작이 임박한 장엄하고 팽창된 시간 속에서 명상에 빠진 듯이 보였고, 십여 가지 움직임을 시도하는 듯이 보였으며, 그렇게 캔버스 앞에서 춤을 추고 여러 번 캔버스를 살짝 스치다가 마침내 반드시 그려야 할 단 하나의 선을 섬광처럼 그려내는 듯이 보였다. 물론 필름에 대한 이러한 분석은 어느 정도 인위적인 감이 없지 않다. 만일 마티스가 자신의 필름을 보고 그날 자신이 가능한 모든 선들 가운데서 하나를 잘 선택했고, 라이프니츠Gottfried Wilhelm von Leibniz[11]가 말하는 신처럼 최소와 최대라는 거창한 문제를 해결했다고 믿는다면, 그것은 잘못 생각한 것이다. 마티스는 조물주가 아니라 인간이다. 그는 가능한 모든 제스처를 다 고려해서 실행한 것이 아니며, 자신이 그 제스처를 선택한 이유를 일일이 설명하면서 그 하나 외에 나머지 제스처를 다 버릴 필요도 없었다. 그 가능성들을 열거하는 것은 슬로 모션뿐이다. 시간과 인간의 시야 가운데 자리 잡은 마티스는 자신이 그리기 시작한, 열려 있는 캔버스 전체를 바라보고 나서, 그림이 진행 중임을 환기시키는 선에 붓을 가져갔던 것이다. 그는, 베르그손Henri Bergson[12]의 표현에 의하면 마치 철가루 속에 손을 넣어 단번에 손이 들어갈 자리를 확보하는 것처럼, 나중에 보면 무한한 사건들을 함축한 것으로 보이는 그런 문제를 간단한 제스처 하나로 해결했다. 이처럼 모든 것은 지각과 제스처로 이루어진 인간 세계에서 일어났다. 카메라가 우리에게 그 사건을 실제보다 매혹적으로 설명해준다면, 그것은 화가의 손이 무한한 선택이 가능한 물리적 세계 속에서 작용한다는 것을 믿게 하기 때문이다. 마티스의 손이 머뭇거린 것은 사실이지만 결과적으로 선택이 있었다는 것이 사실이다. 또 마티스를 제외한 다른 누구에 의해서는 결코 공식화되지 않고, 공식화될 수도 없는, 캔버스 위에 흩어져 있는 이십여 개의 조건들을 관찰한 끝에 선이 선택되었다. 왜냐하면 이러한 조건들은 아직 존재하지 않는 그 그림을 제작하려는 의도에 의해서만 규정되고 부과되기 때문이다.

진정으로 표현적인 파롤이나, 언어로 확립되어가는 단계에 있는 모든 언어도 사정은 다를 바 없다. 표현적인 파롤은 마치 우리가 못을 박기 위해 망치를 찾거나 못을 뽑기 위해 집게를 찾는 것처럼, 이미 규정된 하나의 의미에 딱 들어맞는 하나의 기호를 선택하는 것이 아니다. 그것은 텍스트를 길잡이 삼아 나아가는 것이 아니라 텍스트를 쓰는 중에 있는, 의미하려는 의도의 주변을 더듬는다. 표현적인 파롤을 올바로 평가하고 싶다면, 표현적인 파롤이 될 수 있었으나 배격된 몇몇 다른 파롤들을 떠올려야 한다. 또한 그것들이 다른 방식으로 언어의 연쇄와 관계하고 그 연쇄를 동요시켰다는 것을, 그리고 그 의미가 세상에 나와야 했다면 정말이지 지금의 파롤이 유일한, 가능한 것이었다는 사실을 깨달아야 한다. 요컨대 우리는 발화되기 이전의 파롤과, 그것을 끊임없이 에워싸고 있는 침묵의 배경을 고찰해야 한다. 이러한 배경이 없으면 파롤은 아무것도 말할 수 없기 때문이다. 다시 말해 우리는 파롤과 뒤얽혀 있는 침묵의 끈들을 풀어나가야 한다는 뜻이다. 이미 확정된 표현들은 제도화된 어법과 형식, 단어들에 일대일로 대응하는 직접적인 의미를 가진다. 언뜻 보면 여기에는 어떤 빈틈도, 어떠한 발화된 침묵도 없어 보인다. 하지만 생성 중인 표현들의 의미는 이러한 종류는 아니고, 단어들 사이에서 분출되는 측면적이고 간접적인 의미다. 다시 말해 언어적·이야기적 장치에서 새로운 소리를 뽑아내기 위해 그것을 뒤흔드는 또 다른 방식인 것이다. 만일 우리가 언어를 발생적인 작용으로 이해하고자 한다면, 우리는 결코 말을 해본 적이 없는 척해야 하며, 언어를 환원——다시 우리를 의미하는 것으로 이끌면서 여전히 우리로부터 도망갔을 환원——에 종속시켜야 한다. 또한 마치 청각 장애인이 말하는 사람을 쳐다보듯 언어를 응시하고, 언어 예술을 다른 표현 예술들과 비교해서 무언의 예술 가운데 하나로 간주해보아야 한다. 언어의 의미는 결정적인 특권을 가질 수 있지만, 그러자면 우리가 그러한 특권을 불가능하게 만드는 것이 무엇인가를 깨달으려고 애써야 한다. 그렇다면 우선 무언의 언어가 존재하고, 회화도 무언의 언어와 같은 방식으로 말한다는 사실을 이해하는 것으로부터 논의를 시작해보자.

말로André Malraux[13]는, 회화와 언어를 그것들이 '재현하는' 것과 떼어놓음으로써 그것들을 창조적인 표현의 범주 안에 결합시킬 때에만 회화와 언어가 비교될 수 있다고 했다. 회화와 언어가 같은 성향을 지닌 두 개의 형식으로 인정될 수 있는 것도 바로 그 순간이다. 화가와 작가는 수세기 동안 자신들이 하고 있는 작업의 유사성에 대해 의심해보지 않은 채 일해왔지만, 이들이 동일한 모험을 감행해온 것은 의심의 여지가 없는 사실이다. 미술과 시는 처음에는 도시와 신을 비롯해 신성한 것에 헌정되었고, 외부의 힘을 거울같이 반영하면서 비로소 자신들의 진정한 기적을 탄생시켰다. 그러다가 얼마 후 자신들은 성스러운 시대의 세속화로 나타난 고전주의 시대를 겪게 된다. 당시의 회화는 자연의 재현, 즉 자연이 회화에게 가르쳐준 비법에 따라서 자연을 이상적으로 미화하는 재현이었다. 라 브뤼예르Jean de La Bruyère[14]가 말했듯이, 이 시대의 파롤은 언어에 의해 사물 자체에 미리 할당된 정확한 표현을 재발견하는 것 외에 다른 역할은 일절 수행하지 않았다. 미술 이전의 미술, 파롤 이전의 파롤에 대한 이러한 이중적인 의지는, 사물이 우리의 감각에 포착될 때 우리에게 억지로 동의를 강요할 완전성과 완결성, 충만함 등을 작품도 어느 정도 갖추도록 지시하는 것이다. 말로는 미술과 현대 문학이 재차 문제 삼는 '객관주의자'의 편견을 제대로 분석했지만, 그러한 편견이 얼마나 깊게 뿌리박혀 있는지는 헤아리지 못했던 것 같다. 그가 가시적 세계의 영역을 너무 성급하게 포기하고, 현대 회화를 주관성——'무엇과도 비교할 수 없는 괴물'——에의 귀의로 정의함으로써 이를 세상 밖의 은밀한 삶 속에 묻어버린 것도 바로 그 때문이었던 듯하다. 이러한 말로의 분석을 다시 검토해볼 필요가 있다.

유화는 다른 어떤 종류의 그림보다도 대상이나 사람 얼굴의 세세한 부분에까지 뚜렷한 회화적 표본을 부여할 수 있는 특권을 가지고 있다. 또 깊이나 부피의 환영, 운동, 형태, 촉각적인 가치, 그리고 다른 종류의 재료들(벨벳의 촉감까지도 완벽하게 재현한 저 끈기 있는 탐구에 대해 생각해보라)에 대한 환영을 불러일으키는 기호들에 관해 연구할 수 있는 특권도 가지고 있다. 모든 세대에 걸쳐 계속해서 발전되어온 그 과정과 비법들은, 극단적으로 말해 사물이나 인간 자체에 도달하는 재현의 보편적인 기술 요소들인 만큼 우연 혹은 모호성을 함축하고 있다고는 도저히 생각될 수 없고, 회화에 있어서 최고의 재현 기술로 꼽힌다. 이와 같은 여정을 따르다 보면, 회화는 다시는 되돌아올 수 없는 길을 걷게 된다. 어느 화가의 업적, 한 유파의 작품들, 심지어 회화의 발전까지 모두 걸작을 향해서만 나아간다. 여기에서 걸작은, 적어도 잠정적으로는 그 이전까지의 시도를 무용지물로 만들면서 회화적 진보에 있어서 뚜렷한 이정표 역할을 한다. 회화는 실제 사물만큼 확실하기를 원하고, 사물처럼 우리의 감각이 도저히 부인할 수 없는 광경을 부과해야만 우리에게 다가올 수 있다고 생각한다. 원래 회화는 자연적인 수단이나 사람들 사이의 의사소통 수단으로 간주되는 지각 장치에서 출발했다. 우리 모두는 거의 같은 방식으로 기능하는 눈을 가지고 있지 않은가? 만일 화가가 깊이나 벨벳의 감촉을 묘사할 수 있는 기호들을 발견할 수 있다면, 우리는 그의 그림을 보면서 자연에 필적하는 광경을 보게 되지 않겠는가?

고전주의 화가들도 화가고, 가치 있는 그림들 가운데 어떤 것도 단순히 재현만을 목적으로 한 것은 없다. 말로는, '창조적 표현' 따위의 회화의 현대적 개념은 이것을 이론으로 구축하기보다는 늘 실행해온 화가 자신들에게보다, 일반 대중들에게 훨씬 더 새로운 것이었다고 지적한다. 이런 관점에서 보면 고전주의 작가들의 작품은 또 다른 의미——어쩌면 그들이 생각했던 것보다 더 많은 의미——를 지녔을지도 모른다. 그리고 그들은 자신들의 규범에서 이탈한 회화를 미리 맛보여줌으로써 회화에 입문하는 데 필요한 선택된 중재인으로 남는다. 세상에 눈을 고정한 그들은, 세상에 재현의 비밀을 충분히 요구했다고 생각하는 바로 그 순간, 후일에 가서야 의식하게 될 회화의 변형métamorphose을 은연중에 실행한 것이다. 그러나 고전주의 회화를 단지 자연의 재현이나 우리 감각의 참조로 규정할 수 없고, 현대 회화 역시 주관적인 것에 대한 참조로 정의할 수 없다. 고전주의 화가들의 지각도 어차피 그들의 문화에서 온 것이고, 우리의 문화 역시 우리의 지각에 가시적인 것을 알려주는 것이다. 따라서 가시적인 세계를 고전주의 방식에 위임해버린다거나, 현대 회화를 개인의 골방에 가두어서는 안 된다. 다시 말해 세계와 예술, 그리고 '우리 감각'과 절대 회화는 서로 연관되어 있으므로 우리는 그중 하나만을 선택할 수는 없다는 것이다.

말로는 간혹 '감각의 자료들'이 수세기 동안 전혀 변하지 않았으며, 회화가 이 자료에 관계되는 한, 고전적인 원근법은 회화에 불가피한 요소라고 말한다. 어쨌든 고전적인 원근법이, 지각된 세계의 복사물이 아니라 인간이 지각된 세계 자체를 자신 앞에 투사하기 위해 고안해낸 여러 가지 장치들 가운데 하나임에는 틀림없다. 고전적 원근법은 자발적인 시선에 대한 어떤 임의적인 해석에 불과하다. 왜냐하면, 지각된 세계가 고전적인 원근법의 규칙들과 어긋나면서 다른 규칙을 강요해서가 아니라, 지각된 세계가 어떤 규칙도 요구하지 않는데다가 규칙의 질서에서 생성된 것이 아니기 때문이다. 자유로운 지각 안에 깊이에 따라 일정한 간격으로 배열된 대상들은 그 어떤 정해진 '외관상의 크기'도 지니지 않는다. 그렇다고 해서 원근법이 '우리의 눈을 속인다'고 말해서는 안 된다. 또 멀리 떨어져 있는 대상을 육안으로 보면, 소묘나 사진에 투영되어 나타나는 것보다 '훨씬 더 크게' 보인다고 말해서도 안 된다. 적어도 그 크기가 원경과 근경에서 공히 같은 치수로 보이지 않는 한은 말이다. 지평선에 걸린 달의 크기를 내 손안에 있는 동전의 몇분의 몇으로 측정할 수 없는데, 그것은 '원거리의 치수grandeur-à-distance' 문제이기 때문이다. 그것은 다른 사물에 있어서의 뜨거움과 차가움처럼, 그저 달에 속해 있는 일종의 속성일 뿐이다. 발롱 Henri Wallon[15]이 말한 대로 우리는 '초超사물들ultra-choses'의 질서 안에 있는데, 여기에서 말하는 '초사물들'은 어떤 하나의 단계화된 원근 표현 속에서 가까운 곳의 대상들과 나란히 정렬되지 않는다. 어느 정도의 크기와 거리를 넘어서면 모든 '초사물들'이 서로 맞닿는 절대 치수에 도달하게 된다. 어린이들이 해를 보고 '집채만큼 크다'고 말하는 것도 바로 이런 이유에서다. 만일 내가 절대 치수에서 원근법으로 돌아오고 싶다면 전체를 자유롭게 지각하는 일을 중단해야 한다. 또 나의 시선을 제한해야 하고, 내가 선택한 측정 기준에 입각해 달과 동전의 '외관상 치수'를 표시한 뒤, 결국에는 측정한 수치를 종이 위에 옮겨놓아야만 한다. 그러는 동안 지각된 세계는 대상들의 진정한 동시성과 함께 사라져버리게 되는데, 여기에서 동시성이란 치수의 한 단계에서 나타나는 대상들의 평화로운 공존과는 다르다. 동전과 달을 함께 볼 때에는 시선을 그들 중 어느 하나에 고정해야 하는데, 그러다 보면 다른 하나는 고정된 것에 가려서 가장자리만 나타난다. 즉 '가까이서 보이는 작은 대상', 또는 '멀리서 보이는 큰 대상'으로 나타나는 것이다. 그러나 내가 종이 위에 옮겨놓고자 하는 것은, 내 시야에 경쟁적으로 들어오는 지각된 대상들의 공존이 아니다. 나는 그것들의 갈등을 무마할 수단, 즉 깊이를 만드는 수단을 찾아야 한다. 그래서 나는 동일한 평면 위에 그 두 대상이 함께 공존할 수 있도록 결정하고, 생생한 지각 장場이 펼쳐지는 순간에 그중 어떤 것도 겹치지 않는, 국부적이고 한쪽 눈으로 본 것 같은 일련의 시선을 종이 위에 응고시킴으로써 두 대상을 공존시키는 데 성공한다. 사물들이 나의 시선을 붙잡으려고 서로 경쟁할 때, 또 그 사물들 중 하나에 시선을 고정한 내가, 시선을 받은 그 사물과 공존하고 싶어 하는 나머지 사물들의 간청, 즉 어떤 지평地平의 요구와 존재하고자 하는 주장을 느낄 때, 나는 이제 하나의 재현을 이루게 된다. 이러한 재현에서 개개의 사물은 모든 시선을 자신에게 불러들이기를 중단하고 그것을 다른 사물들에 양보함으로써, 다른 사물들이 자신에게 남겨놓은 공간 이상의 지면을 차지하지 않는 데 동의한다. 이때 나의 시선이 대상의 깊이와 높이, 넓이를 자유롭게 넘나들면서 어떤 시점에도 고정되지 않는 것은, 시선이 그러한 것들을 모두수용한 후 차례로 거절했기 때문이다. 그러나 나는 이러한편재를 포기하고, '지평선'의 어떤 '소실점' 위에 시선을 고정한 부동의 눈으로, 한 관측점에서 보이는 것만을 나의 소묘 속에서 형상화하는 데 동의한 것이다. (이는 기만적인 겸손이다. 만약 내가 종이 위에 원근법의 좁은 영역을 그려 넣으면서 세계 자체를 부인한다면, 그 세계 속에 자리 잡은 내가 세계를 향해 개방된 인간이라는 사실 역시 부인하는 것이고, 신이 나에 대한 관념을 고려할 때 그렇게 할 수 있는 것처럼 나도 나의 시선을 숙고하고지배할 수 있기 때문이다.) 나는 그때 이익인 동시에 손실인 시간의 순환을 통해서만 수용될 수 있는 배타적인 사물들의 세계를 경험했지만, 이제 무궁무진한 존재는 질서정연한 원근법 안에서 수정 같은 결정체로 굳어진다. 이러한 원근법 속에서 원경은 접근할 수 없는, 모호한, 단지 원경일 뿐이라는사실을 감수하게 된다. 그리하여 근경의 대상들은 원경으로

잠입하려는 침략성을 버리고, 그 광경에 공통되는 법칙에 따라 대상의 안쪽 선들을 정돈한 뒤, 필요하다면 즉시 스스로가 원경이 될 준비를 하고 있다. 결국 이러한 원근법 속에서는 어떤 것도 나의 시선을 계속 붙잡아두지 못하며, 현재를 형상으로 만들어내지도 못한다. 그림 전체는 완결되거나 영원성을 띤 채로 존재한다. 모든 것은 단정하고 분별력을 지니고 있으며, 사물들은 더 이상 내게 말을 걸어오지 않고, 나 또한 더 이상 사물들로 인해 흔들리지 않는다. 그런데 만약 내가 이와 같은 인공적인 원근법에다가 대기大氣 원근법을 더한다면, 사람들은 그림을 그린 나와 그림 속 풍경을 바라보는 사람들이 그 상황을 어느 정도나 지배하고 있는지 느끼게 될 것이다. 원근법은, 모든 사람들에게 있는 그대로의 실재를 모방하기 위한 기술적인 비밀 이상의 것이다. 원근법은 순간적인 종합을 통해, 통제되고 소유되는 하나의 세계를 창조해낸다. 하나하나가 전부 온전하게 나타나기를 바라는 모든 사물들을 자발적인 시선이 동시에 묶어보려고 헛되이 노력할 때, 그 시선은 기껏해야 그 종합의 어렴풋한 윤곽만을 우리에게 드러내준다. 어떤 성격, 열정, 기질 등 항상 무엇인가를 의미하는 고전주의 초상화에 등장하는 얼굴들, 그리고 고전 회화에 등장하는 아이들과 동물들──인간 세계로 들어가기를 그렇게도 갈망하고 그 세계를 조금도 거부하지 않는──은 세상에 대한 인간의 그 같은 '성숙한' 관계를 표명한다. 언젠가 지극히 행복한 악마에게 복종하는 위대한 화가가 이 세계 속에서 우연성을 진동시킴으로써, 그 자체로도 너무나 확실한 이 세계에 새로운 차원을 추가하는 경우를 제외하고는 언제나 그렇다.

'객관적인' 회화 자체가 창조라면, 창조로 인정받고 싶어하는 현대 회화를 더 이상 주관적인 것으로의 이행이나 개인적인 것을 찬미하는 의례로서만 폄하할 이유가 없을 것이다. 말로의 분석이 그다지 타당해 보이지 않는 것도 이 때문이다. 그는, 현대 회화에는 하나의 주체, 즉 화가 자신만이 있다고 말한다.[16] 화가들은 이제 더 이상 샤르댕Jean-Baptiste-Siméon Chardin[17]처럼 복숭아의 부드러운 촉감을 탐구하지 않고, 그 대신 브라크Georges Braque[18]처럼 화폭의 부드러움을 추구한다. 고전주의 작가들은 무의식적으로 자기 자신이 되는 데 반해 현대 화가들은 무엇보다도 독창성을 우선시하며, 그들에게 있어서 표현력은 개성과 혼동된다.[19] 이제 회화는 신앙이나 미가 아니라 개인적인 것[20]을 추구하기 때문에, 회화는 "개인이 만들어낸 세계의 부록"[21]이 된다. 그렇다면 예술가는, 자기 자신에게만 온전히 몰입하는 쾌快와, 자신 속에 내재한 인간을 파괴하려는 악마적인 쾌에 "열광하고 중독된 족속"[22]이 될 것이다. 이러한 정의들은, 사실 세잔Paul Cézanne[23]이나 클레Paul Klée[24]에게 적용하기에는 적당하지 않다. 현대의 화가들은 스케치를 그림처럼 내걸고, 삶의 한순간의 서명이라고 할 수 있는 작품들을 끊임없이 시리즈로 '전시'해서 관람하기를 강요한다. 이처럼 현대의 화가들이 미완성의 그림을 용인하는 것은 두 가지 의미로 해석할 수 있다. 우선, 이런 미완성적인 그림은 작품이기를 단념하고, 즉각적인 것, 느껴지는 것, 개인적인 것——말로의 표현을 빌리면 '야생적인 표현'——외에는 그 어떤 것도 추구하지 않는다는 것을 의미한다. 또한 감각에 대한 객관적이고 설득력 있는 제시를 의미하는 완성이 이제 더 이상 완전한 작품의 자질이나 기호가 아니라는 것을 의미한다. 왜냐하면 표현은 감각이나 자연의 잘 알려지지 않은 영역을 거치지 않고, 사람들이 살고 있는 일상적인 세계를 가로질러 인간에게서 인간에게로 직접 나아가기 때문이다. 말로는 이에 대해 매우 적절한 인용을 했는데, 바로 "완전한 작품이라고 해서 반드시 완성된 것은 아니며, 완성된 작품이라고 해서 반드시 완전한 것도 아니다"[25]라는 보들레르Charles Baudelaire[26]의 말이다. 완성된 작품은 하나의 사물처럼 그 자체로 존재하는 것이 아니다. 그것은 관객에게 다가와서 그들로 하여금 작품을 창조해낸 제스처를 되찾게 하고, 중재자들을 뛰어넘어서, 거의 무형의 자취인 고안된 선의 움직임 외에는 어떤 안내자의 도움도 없이, 화가의 침묵의 세계에, 이제는 발언되고 다가서기 쉬운 그 세계에 도달하도록 그들을 인도하는 것이다. 물론 자신의 제스처를 알지 못하는 신동들의 즉흥화도 있다. 그들은, 화가는 단지 하나의 손에 불과하다는 핑계를 대면서 그림을 그리기 위해서는 손 하나만 있으면 된다고 믿으며, 자신의 몸에서 보잘것없는 경이로움을 이끌어낸다. 마치 우울한 젊은이가 자신의 몸을 관찰하기만 하면, 자신 속에서 스스로에 대한 예찬을 이어가는 데 필요한 약간의 특성을 끌어낼 수 있듯이 말이다. 그러나 자기가 말하고 싶은 세계로 뛰어든 화가의 즉흥화도 있다. 하나하나의 파롤이 또 다른 파롤을 환기시키는 가운데, 그는 마침내 획득된 목소리——최초의 외침보다 훨씬 더 자신의 것에 가까운 목소리——를 구성해낸다. 이외에도 즉흥적인 자동 기술記述이 있는데,《파르마의 수도원Chartreuse de Parme》27이 바로 그것이다. 지각 자체는 결코 완성되지 않으며 우리의 원근법들은 우리에게 그것들을 포괄하고 능가하는 세계, 즉 파롤이나 아라베스크 문양같이 갑자기 기호로 출현하는 세계를 표현하고 사유하게 해주는데, 왜 그 세계에 대한 표현이 의미나 개념의 산문散文에 종속되어야 했을까? 차라리 그것은 시詩여야 한다. 말하자면 그것은 이미 말해졌거나 이미 보이는 사물들을 능가함으로써, 우리의 순수한 표현력을 온전히 흔들어 깨워 다시 각성시킨다. 반면 현대 회화는 이런 개인을 향한 귀환과는 완전히 다른 문제를 제기한다. 즉 어떻게 우리가, 감각이 열릴 수 있도록 해주는 선재先在하는 대자연Nature préétablie의 도움 없이 의사소통을 할 수 있는지, 그리고 어떻게 자신에게만 고유한 것을 보편성과 접목시킬 것인지의 문제다.

이것이 바로 우리가 말로의 분석을 확장시킬 수 있는 철학적인 문제들 중 하나다. 이것은 성스러운 문명을 향한 향수에 바탕을 둔 그의 철학에서 중추를 이루고 있는, 개인이나 죽음의 철학과는 별도로 취급해야 한다. 화가가 화폭 위에 그리는 것은, 자신이 감각하는 뉘앙스 자체인 즉각적인 자아가 아니라 자신의 스타일이다. 따라서 다른 화가들의 그림이나 세계에서와 마찬가지로 자신만의 방법으로 스타일을 획득해야 한다. 말로가 지적한 대로, 작가가 참다운 자신만의 목소리로 말하는 것을 터득하기까지는 꽤 많은 시간이 걸린다. 마찬가지로, 우리처럼 작품을 화가 앞에 펼쳐놓는 것이 아니라 작품을 창조하는 존재인 화가가, 자신과 완성된 자신의 작품에 대해 오해하지 않는다는 전제 하에, 자신의 초기 작품들 가운데서 앞으로 완성될 작품의 윤곽을 어렴풋하게나마 짐작하기까지는 얼마나 오랜 시간이 필요할까? 게다가 작가가 자신의 작품을 잘 읽을 수 없듯이, 화가도 자신의 그림을 제대로 볼 수 없다. 표현이 윤곽을 드러내고 진정으로 의미가 되는 것은 타인들 속에서다. 작가나 화가에게는 내적 독백이라 불리는, 개인적 울림의 친숙함을 통해 나타나는 자기 암시만이 있을 뿐이다. 화가는 작업하면서 정진할 뿐이며, 자신이 어떤 모습이 되었는지 알아보고 싶어서 이전 작품들을 살펴볼 때를 제외하고는, 자신의 작품을 보는 것조차 그리 좋아하지 않는다. 이제 그는 초기 작품에서 미미하게 나타났던 자신만의 색채를 훨씬 더 뚜렷하게 보여주는 성숙한 언어를 가지게 되었기 때문이다. 굳이 초기 작품들에 관심을 돌리지 않아도, 그것들이 어느 정도 표현적인 작용을 수행했다는 사실만으로도 그는 스스로 새로운 표현 장치를 부여받았음을 깨닫게 된다. 이미 검증된 그 장치들이 가진 힘 이상의 것을 체험한 화가가, 알 수 없는 피로의 방해를 받지 않는다면, 똑같은 의미로 '더 멀리' 나아갈 수 있다. 마치 한 걸음 한 걸음이 또 다른 걸음을 강요해서 다음 걸음을 가능하게 만들어놓듯이, 또는 성공적인 개개의 표현이 정신적인 자동 장치에 다른 임무를 지시하거나 끊임없이 효력을 체험할 수 있는 어떤 제도를 만들어내듯이 말이다. 말로는 고흐Vincent Van Gogh[28]가 그린 저 유명한 의자를 두고 "반 고흐라는 이름 자체인 야생적인 표의문자idéogramme"라고 지적한 바 있다. 특히 새로운 그림에서 보다 확연하게 나타나는 이러한 '내적 도식'이 반 고흐에게 있어서는 그의 초기 작품뿐만 아니라 그의 '내면적인 삶'에서조차 나타나지 않는다. (왜냐하면 그는 자신과 조우하는 데 그림을 필요로 하지 않았기 때문이다. 아마 그랬다면 그는 결국 그림 그리는 일을 그만두었을 것이다.) '내적 도식'은 그의 삶 자체다. 여기에서 삶은 내재성에서 벗어나 스스로 즐기기를 중단하고, 어떤 일을 이해하거나 이해시키며 보거나 볼 것을 제공하는 보편적인 수단이 된다.

즉 말없는 개인의 심연에 갇혀 있는 것이 아니라, 그가 보는 모든 것 안에 흩어져 있는 것이다. 스타일이 타인의 애호의 대상이나 예술가의 쾌의 대상(그의 작품에 큰 손실을 입히는)이 되기 전에, 예술가가 자신의 체험 표면에서 싹을 틔우는 비옥한 순간이 필요하다. 작용적이고 잠재적인 의미가, 스타일을 풀어주어 타인들에게는 접근 가능한 것이 되게 하고 예술가들에게는 조작할 수 있는 것이 되게 하는 그런 표징으로 자리매김하는 순간이 필요한 것이다. 화가가 이미 그림을 그리기 시작했거나 어떤 의미에서 스스로 자신의 스승이 되었다고 해도, 그에게 주어지는 스타일은 그가 목록으로 작성할 수 있는 하나의 방식이나 몇 가지 절차와 습관 등이 아니라, 자신의 실루엣과 일상의 제스처처럼 타인들은 알아볼 수 있지만 자신은 거의 알아채지 못하는, 자신을 표명하는 방식이다. 이 때문에 말로는, 스타일이란 "세계를 발견한 사람의 가치관에 따라 세계를 재창조하는 수단"[29] 또는 "세계에서 초래된 의미 작용의 표현으로서, 봄Vision의 결과가 아닌 봄의 부름"[30]이며, "신비스러운 리듬에 따라 천체의 흐름 속으로 우리를 이끌어가는 영원한 세계로부터 인간의 미약한 원근법으로 되돌아가는 것"[31]이라고 정의했다. 말로는 스타일이, 스타일의 작용 자체 내에 자리 잡고 있는 것이 아니라, 일반 대중처럼 외부에서 그러한 작용을 바라보는 것이며, 스타일이 가져온 결과들 중에서 가장 놀라운 것은 세계에 대한 인간의 승리이지만, 사실상 화가는 이를 고려하지 않는다고 지적한다. 작업 중인 화가는 인간과 세계, 의미와 부조리, 스타일과 '재현'이라는 대립적 관계를 전혀 인식하지 못한다. 그는 세계와 자신과의 교류를 표현하기에 너무 바빠서 자신도 모르게 생겨난 스타일에 대해 자랑스러워할 겨를조차 없다. 현대 화가들에게 있어서 스타일은 재현의 수단 이상임에 틀림없다. 그들의 스타일은 외부에 모델을 두고 있지 않다. 다시 말해서 그림은 실제로 그리기 전에는 존재하지 않는다는 것이다. 그러나 말로가 그랬듯이, 화가에게 있어서 세계를 재현하는 일이 "스타일상의 수단"[32]에 불과하다고 결론 내려서는 안 된다. 스타일이 세계와의 모든 접촉을 벗어나서야 인식되거나 탐구될 수 있는 것처럼, 또는 그것이 하나의 목적인 것처럼 인식해서는 안 된다는 것이다. 우리는 스타일이 화가의 지각의 빈터로부터 출현한다는 사실을 알아야 한다. 왜냐하면 스타일이란 지각으로 인해 야기된 욕구이기 때문이다. 말로는 자신의 작품 속에서, 지각은 이미 스타일을 찾아가고 있다고 말한다. 한 여인이 지나갈 때 가장 먼저 내 눈에 들어오는 것은, 몸의 윤곽이나 채색된 동체 또는 하나의 모습이 아니라, '개성적·감정적·성적 표현'이다. 그것은 활의 팽팽함이 나무의 조직 하나하나에 다 현존하듯, 걸음걸이에서 심지어 구두굽이 땅에 닿는 바로 그 순간에도 확실하게 드러나는 '살'로 존재하는 방식이다. 그녀는, 내가 몸을 움직여서 소유하는 규범, 즉 걷고 바라보고 만지고 말하는 것 같은 규범의 매우 주목할 만한 변화인 것이다. 왜냐하면 나는 몸으로 존재하기 때문이다. 또한 만일 내가 화가라면 화폭 위에 나타나는 것은, 더 이상 생리적·관능적인 가치가 아닐 것이다. 이제 화폭 위에 존재하는 것은 단순히 '한 여인'이나 '불행한 여인', '장신구 장수'가 아니다. 이 세계에서 살아가고, 세계를 다루며, 얼굴을 의상으로, 제스처의 민첩함을 몸의 타성으로 해석하는, 다시 말해서 존재와 어떤 관계를 맺고 있는 표징이다. 설령 여인의 모습에 이러한 스타일과 진정한 회화적 의미가 존재하지 않았다 하더라도, 이런 경우라면 이미 그림이 완성되었을 테니, 최소한 그 여인에 의해 그것이 환기되기는 했을 것이다. 요컨대 "모든 스타일은, 세계가 형식의 본질적인 부분들 중 하나를 향해서 나아갈 수 있도록 각 구성 요소들에 형식을 부여하는 것이다". 그리고 우리가 세계의 소여물所與物들에 "일관된 변형"[33]을 가할 때 비로소 의미작용이 존재한다. 이처럼 그림의 모든 시각적·심리적 벡터들이 X라는 하나의 의미작용으로 수렴되는 것은 화가의 지각 속에 이미 윤곽이 잡혀 있어서, 화가가 지각하는 순간 곧바로 시작된다. 그가 사물들로 가득 차 접근할 수 없는 공간 속에서 어떤 빈 공간이나 틈, 형상과 배경, 위와 아래, 규범과 일탈을 적절히 안배하는 바로 그 순간이다. 이때부터 세계의 어떤 요소들은 차원──그 이후에도 계속 우리가 나머지 요소들을 연관시켜놓고 우리의 언어로 표현하는 차원——이라는 가치를 얻게 된다. 따라서 화가에게 있어서 스타일은, 자신의 작업을 표명하기 위해 스스로 구성하는 등가물의 체계인 동시에, 아직은 자신의 지각 속에 흩어져 있는 의미를 모아서 표현으로 존재하게 만드는 '일관된 변형'의 보편적 지표이기도 하다. 작품이란 사물과 무관하게 탄생하지 않을 뿐만 아니라 화가만이 열쇠를 가진 은밀한 실험실 안에서 만들어지는 것도 아니다. 작가는 생화든, 조화든 실제로 바라보면서, 마치 자기가 표명하게 될 등가물의 원리가 항상 거기에 감춰져 있었던 것처럼 늘 자신의 세계를 참조한다.

따라서 작가들은 화가의 작업과 탐구를 과소평가해서는 안 된다. 화가의 노력은 사색의 노력과 매우 유사하기 때문에 회화도 언어라고 말할 수 있다. 화가가 세계의 광경에서 겨우 끌어낸 등가물의 체계를 캔버스 위에 색채와 준準공간quasi-espace으로 새롭게 옷을 입힌다는 것은 부인할 수 없는 사실이다. 즉 그림이 의미를 표현하기보다는 의미가 그림을 잉태하는 것이다. "골고다 언덕 위 하늘을 찢어놓은 노란색……, 그것은 물화物化된 고뇌, 즉 하늘을 찢은 노란색으로 화해서 사물들에 적합한 성질들에 의해 침잠되어 즉시 두껍게 채색된 고뇌다……"[34] 그림에 의해 의미가 나타나기보다는 오히려 의미가 그림 속에 침잠해서 "열熱의 안개처럼",[35] 그림 주위를 감싸며 진동하고 있는 것이다. 표현하지 못하게 하는 것을 표현하는 회화의 본질은 '항상 하늘과 땅의 중간에서 멈춰버리고 마는, 엄청나지만 공허한 노력'이다. 언어 전문가들에게도 이러한 현상은 불가피하게 나타난다. 우리가 서툴게 말하는 외국어를 들을 때 일어나는 현상이 그들에게도 일어날 수 있다. 우리는 그것이 단조롭고 강한 악센트와 어조를 띠고 있다는 느낌을 받게 되는데, 그 이유는 그것이 우리의 언어가 아닌데다가 우리가 그것을 세상과 관계하는 데 중요한 도구로 삼지 않기 때문이다. 회화를 통해 세상과 소통하지 않는 우리에게 있어서 그림의 의미는 유기된 채 남아 있다. 그러나 만일 우리가 회화 속에서 살기 시작한다면, 그림의 의미는 화가뿐만 아니라 우리에게도 캔버스 표면에서 일고 있는 '열의 안개' 이상이 된다. 왜냐하면 그림의 의미는 다른 것보다 이 색이나 이 대상을 요청할 수 있고, 구문이나 논리처럼 절대적인 화면 배열을 요구하기 때문이다. 회화는 자신 안에 흩뿌려져 있는 미미한 고뇌나 국부적인 기쁨 속에 존재하는 것이 아니다. 그런 것들은 덜 유동적이지만 더 읽기 쉬우며, 보다 지속적인 하나의 총체적인 의미를 구성하는 요소들에 불과할 뿐이다. 말로는 이를 설명하기 위해 바닷가에서 그림을 그리는 르누아르Pierre August Renoir[36]를 보고 다가간 카시스의 한 여관 주인의 일화를 예로 들었는데, 이것은 매우 적절했다. "그림에는 다른 곳에서 목욕하고 있는 나체 여인들이 그려져 있었다. 그는 어딘지 모를 먼

곳을 바라보면서 단지 그림의 좁은 귀퉁이만 고쳐가고 있었다." 말로는 이에 대해 "바다의 푸른색이 〈세탁하는 여인들〉에서는 시냇물의 푸른색이 되었다……그의 봄vision은 바다를 바라보는 하나의 방법이라기보다는, 그가 재포착한 광대하고도 푸른 심연을 가진 세계에 대한 비밀스러운 작업이었다"[37]라고 평하면서, 그렇지만 르누아르는 여전히 바다를 응시하고 있었다고 말한다. 도대체 왜 바다의 푸른색이 그의 그림에 들어 있는 것일까? 또 어떻게 바다의 푸른색이 그에게 〈세탁하는 여인들〉의 시냇물과 관련된 무엇인가를 가르쳐줄 수 있었을까? 그것은 세계──여기에서는 소용돌이와 잔물결로 부서지고 물보라로 치장되기도 하며, 때로는 거대하지만 그 자체로는 잠잠한 바다──를 구성하는 하나하나의 편린들이 존재의 모든 형상들을 잉태하고 시선에 응답하면서 일련의 다양한 가능성들을 환기시킴으로써, 자신을 넘어서서 존재에 대해 말하는 방법을 가르쳐주기 때문이다. 카시스의 바닷가에서 목욕하는 여인들과 시냇물을 그릴 수 있었던 것은, 액체의 실체를 해석하고 그것을 드러내서 액체 자체와 합성시키는 방법, 결국 물을 표현하는 전형적인 방법을 바다에게 물을 수 있었기 때문이다. 우리는 세계를 응시하면서 그림을 그린다. 왜냐하면 화가는 외형 자체에서 타인의 눈으로 자신을 정의하는 스타일을 발견할 수 있을 것으로 생각하고, 자신이 그림을 재창조하는 순간에 자연을 읽는다고 생각하기 때문이다. "색채와 선들의 완벽한 균형이나 불균형은, 저기 반쯤 열린 문이 또 다른 세계로 향하는 문임을 알아차리는 사람을 당황하게 만든다."[38] 여기에서 또 다른 세계란 화가가 바라보면서 동시에 그 자신의 언어로 말하는 세계이며, 화가를 붙잡아 애매모호하게 남겨두는 이름 없는 무게로부터 간신히 자유로워진 세계를 말한다. 화가나 시인이 어떻게 세계와의 만남 외의 다른 것을 다룰 수 있을까? 추상 미술 그 자체가 세계에 대한 부정이나 거부가 아니라면 추상 미술이 말하고자 하는 것은 무엇일까? 따라서 기하학적인 면이나 형태에 대한 엄격함, 즉 그것들에 대한 집착(혹은 적충류나 미생물에 대한 집착이라고도 할 수 있다. 왜냐하면 신기하게도 삶에 가해지는 금기는 단세포 동물에서만 시작되기 때문이다)은 비록 그것이 제아무리 보잘것없고 절망적인 삶이라 할지라도 여전히 삶의 향기를 지니고 있다. 따라서 그림은 항상 무엇인가를 말하며, 이러한 전복을 요구하는 것은 새로운 등가물 체계이고, 그들 사이의 일상적인 관계가 깨지는 것은 사물들 사이의 보다 진정한 관계라는 명목 하에서다. 마침내 자유로워진 봄과 행위는 화가에게서는 세상의 사물들을, 시인에게서는 단어들을, 일상적으로 사용되는 초점에서 벗어나게 한 뒤 재편성한다. 그러나《일뤼미나시옹Illuminations》[39] 같은 작품이 나오려면 언어를 파기하거나 불살라버리는 것만으로 충분하지 않다. 말로는 현대의 화가들에 대해서, "그들 중 어느 누구도 진리를 말하지 않았음에도 불구하고, 자신과 상반되는 사람들의 작품은 모두 속임수라고 말했다"[40]라는 의미심장한 말을 남겼다. 그들은 세계와 회화가 유사하다는 것을 진리로 인정하고 싶어 하지 않는다. 그보다는 회화 속에 회화와 그 자체의 응집력, 즉 사용할 만한 가치가 있는 개개의 표현 수단에 영향을 미치는 하나의 고유한 원리가 현전한다고 믿는다. 그러나 붓의 일필이 우리에게 털과 살을 보여주기 위해서 완벽한 이론을 바탕으로 외형들을 재구성으로 대체하려고 할 때, 대상을 대체하는 것은 주관이 아니라 지각된 세계에 대한 암시적인 논리다. 우리는 항상 무엇인가에 의미를 부여하려고 한다. 언제나 말하고 싶은 무엇인가가 있으며, 우리는 어느 정도는 그것에 접근한다. 고흐가 〈까마귀들〉을 그리는 순간 '보다 멀리 나아가는' 것은 이제 단순히 우리가 향해야 할 실재를 의미하지 않는다. 그것은 그의 시선과 그의 시선을 간청하는 사물들과의 만남, 또는 존재하는 사람과 존재하는 것과의 만남을 복원시키기 위해 아직 해야 할 일이 남아 있음을 의미한다. 그러한 관계는 서로를 모사하는 것과는 분명하게 다르다. "예술에 있어서는 언제나 그렇듯이 진실하기 위해서 거짓말을 해야 한다"라고 말한 사르트르Jean Paul Sartre[41]의 지적은 옳았다. 처음에는 재치 넘치는 것처럼 들렸던 대화도 정확하게 녹음해서 나중에 다시 들으면 뭔가 빠진 듯한 느낌을 받게 된다. 녹음에는 말하는 사람의 현전이나 몸짓, 표정, 돌발적이고 계속 이어지는 즉흥적인 사건에 대한 느낌 등이 전혀 들어 있지 않기 때문이다. 그때부터 대화는 더 이상 존재하지 않고 그저 단조로운 음의 차원에 머물러 있을 뿐이며, 이러한 청각적인 매체는 읽힌 텍스트 매체일 뿐인 만큼 더욱 실망스러운 것이 된다. 예술 작품은 때때로 우리의 감각 중 하나에만 의존하고, 생생하게 체험된 것처럼 모든 방면에서 우리를 완전하게 에워싸지 못해서, 우리의 정신을 자기가 만드는 그대로 채워준다. 따라서 예술 작품은 동결된 존재와 달라야 하고, 바슐라르Gaston Bachelard[42]가 말했듯이 '초존재surexistence'여야만 한다. 그러나 일반적으로 예술 작품이 자의적이거나 허구적인 것은 아니다. 일반적으로 현대 사상이 그러하듯 현대 회화 역시, 어떤 대상과도 닮지 않았고, 외부에 모델을 두고 있지 않으며, 미리 정해진 표현 수단이 없는데도 불구하고 여전히 진리인, 하나의 진리를 수용할 것을 강요한다.

만일 우리가 시도하고 있는 대로 화가를 그의 세계와 다시 연결시킨다면, 그를 통해 세계를 회화로 변모시키는 변형, 즉 작품 초반부터 성숙기까지 그의 내면을 변화시키고 결국 과거의 어떤 작품들에 전에는 지각되지 않고 있었던 의미를 부여하는 그런 변형이 그렇게 불가사의해 보이지는 않을 것이다. 작가가 화가나 회화를 고찰하다 보면, 자신과 반대되는 독자의 입장이나, 떠나가 버린 여인을 생각하는 사랑에 빠진 남자의 입장을 어느 정도 이해하게 된다. 우리는 작품을 토대로 작가를 이해하고, 사랑에 빠진 남자는 떠나버린 여인이 가장 순수하게 자신을 표현했던 몇 마디 단어와 태도로 그녀를 떠올린다. 하지만 그녀를 다시 만나게 되면, 그는 스탕달Stendhal[43]의 저 유명한 "뭐라고? 이것이 전부였다는 건가?"라는 말을 되풀이하고 싶어질 것이다. 이와 마찬가지로 작가에 대해 알게 되면, 우리는 어리석게도 그가 현전하는 순간마다 습관적으로 그의 이름을 걸고 언급했던 완벽한 본질이나 파롤을 재발견하지 못해서 실망하게 된다. 그는 시간을 이렇게 보내고 있는가? 이것이 그가 살고 있는 초라한 집인가? 이 사람들이 그와 함께 삶을 나누는 친구들과 아내인가? 이 하찮은 것들이 그의 걱정거리였다는 말인가? 그러나 그 모든 것은 한낱 몽상에 불과하다. 혹은 욕망이나 은밀한 증오일 수도 있다. 우리는 우선 어디에도 초인은 존재하지 않으며 평범한 인간의 삶을 벗어나는 사람은 아무도 없다는 사실을 알아차리고서, 사랑받는 여인이나 작가, 화가의 비밀이 경험적인 삶 저 너머의 어느 곳에 있는 것이 아니라 평범한 체험들과 섞여 있다는 사실, 즉 따로 대면할 수 없는 세계에 대한 화가의 지각과 어느 정도 뒤섞여 있다는 사실을 알아차리고서 놀라워한다. 《예술심리학La Psychologie de l'Art》을 읽으면서 우리는, 작가로서 이런 모든 것을 확실히 알고 있던 말로가 화가에 관한 부분에서는 그것을 망각하고 독자들이 받아들이기 힘든 종류의 예찬을 늘어놓고, 심지어 화가들을 신성시하는 듯한 느낌마저 받는다. "이와 같은 회화에 대한 극찬과, 시간이 멈칫거리는 유혹 앞에 매료되지 않을 천재가 있겠는가? 그 순간에 바로 세계를 소유하는데 말이다. 회화가 더 이상 나아갈 수 없으면 늙은 할스Frans Hals[44]는 신이 될 것이다."[45] 이것은 아마도 타인의 눈에 비친 화가의 모습일 것이다. 화가는 매일 아침 사물들의 형상 속에서, 자신이 끊임없이 응했던 질문과 부름을 다시 찾는 일을 하는 사람이다. 그의 눈에는 자신의 작품이 결코 완성된 것이 아니고 언제나 진행 중에 있으므로 어느 화가도 세계보다 우월할 수 없다. 언젠가 삶은 저만치 가버리고 우리 몸은 피폐해져버릴 것이다. 또 어떤 때에는 더욱 슬프게도, 세계의 전경을 통해 흩어진 질문이 표명되기를 그칠 것이다. 그러면 화가는 더 이상 화가 노릇을 못 하거나, 아니면 그 반대로 존경받는 화가가 된다. 그러나 그가 그림을 그리는 한, 그의 그림은 항상 가시적인 사물들에 관한 것이며, 설령 그가 장님이거나 장님이 된다고 해도 그의 그림은, 그가 다른 감각으로 접근하고 장님 아닌 사람의 말로 말하는 대상인 거부할 수 없는 세계에 관한 것이다. 이것이 바로 그 자신에게도 막연한 그의 작업이 무언가의 안내를 받아 방향을 잡아갈 수 있는 이유다. 그것은 이미 개간된 밭고랑의 선을 연장하고, 예전에 그린 그림의 한 귀퉁이나 그의 경험의 한순간에 이미 나타났던 특색을 다시 포착해 일반화하는 문제일 뿐이다. 이때 화가는 자신으로부터 나온 것이 무엇이고, 사물로부터 온 것이 무엇이며, 예전 작품에서 새로운 작품에 추가된 것이 무엇인지 스스로 말할 필요가 없다. 왜냐하면 이러한 구분은 아무 의미도 없기 때문이다. 표현 작용을 잠정적으로나마 영원한 것으로 만들어주는 이러한 삼중의 회복triple reprise은, 단순히 위협적인 고독 속의 기적이나 마법, 절대적 창조 같은 동화적 의미의 변형이 아니다. 그것은 세계와 과거, 그리고 완성된 작품이 요구하는 것에 대한 응답이자 성취이며, 화합인 것이다. 후설Edmund Husserl은 토대 혹은 확립Stiftung이라는 적절한 단어를 사용해, 매 순간의 현재는 일회적이고 지나가버리지만 언제나 존재하는 것이므로, 현재는 끊임없이 보편적으로 존재하는 무한한 풍요로움을 지녔다고 지적한 바 있다. 그중에서도 특히 문화의 소산은 출현한 이후에도 계속 가치를 지니고 끊임없이 소생하는 탐색의 장을 열어주는 무한한 풍요로움이다. 따라서 화가가 바라보았던 순간의 바로 그 세계와 그가 최초로 했던 시도들, 그리고 회화의 모든 과거 등은 화가에게 하나의 전통을 물려준다. 다시 말해서 전통이란, 후설이 설명한 대로, 근원을 망각하게 하는 힘, 그리고 과거에다가 망각의 위선적 형태인 잔존물이 아니라 기억의 고귀한 형태인 새로운 삶을 부여하는 힘이다.

말로는 정신의 희극에는 기만적이고 조소적인 면이 존재

한다고 강조한다. 당대의 라이벌이자, 후세 사람들이 쌍둥이로 알고 있는 들라크루아Ferdinand Victor Eugène Delacroix[46]와 앵그르Jean Auguste Dominique Ingres[47]는 고전주의적인 화가이기를 원했으나 고전주의를 새롭게 해석하는 데 머물러야 했다. 이러한 스타일은 창작자의 시선에 포착되지 않으며, 박물관이 여기저기 흩어져 있는 작품들을 모아들일 때나, 사진으로 세밀화를 확대하고 그림의 한 부분을 틀에 끼워 하나의 그림으로 변형시키고, 스테인드글라스, 양탄자, 동전 등을 그림으로 변형시켜서 회화를 항상 회고적으로 의식할 때에만 눈에 보이게 된다. 그러나 만일 표현이라는 것이 재창조하고 변형시키는 일이라면, 우리 시대 이전이나 회화가 존재하기 이전의 세계에 대한 우리의 지각 역시 마찬가지였을 것이다. 왜냐하면 지각은 이미 사물들 속에 인간적인 제작의 흔적을 새겨놓고 있었기 때문이다. 우리 시대에 자료가 되고 있는 과거의 산물들은 역시 과거의 산물을 넘어서서 우리라는 미래를 향해 나아가고 있었고, 바로 이러한 점 때문에 다른 많은 것들 중에서도 유독 우리가 강요하는 변형을 요구하고 있었다. 언어학자들이 어떤 어휘가 원래 거기에 있었는지 없었는지 대조할 수 없다고 말하는 것처럼, 회화에 있어서도 그런 대조가 불가능하다. 다시 말해서 회화에서든 언어에서든 중요한 것은 기호들에 의해 완성된 총합이 아니라, 인간의 문화에서 기인한 열린 장이나 새로운 장치이다. 고전주의 화가들이 이런저런 그림의 편린들을 그리면서 이미 현대적인 제스처를 고안해냈다는 사실을 부인할 수 있을까? 하지만 고전주의 화가는 그러한 것을 자신의 회화 원리로 만들지 않았고 그러므로 마치 성 아우구스티누스Aurelius Augustinus[48]가 코기토를 그의 중심 사상으로 창안한 것이 아니라 어쩌다 보니 그러한 사상에 직면했던 것처럼, 고전주의 화가가 그 원리를 창안한 것이 아니라는 것을 우리가 잊을 수 있을까? 아롱Raymond Aron[49]이 말했듯이, 각 시대마다 앞선 세대에 대해 알고자 하는 바람을 가지게 마련인데, 이는 모든 시대가 같은 세계에 속해 있을 때에만 가능하다. 고전적인 것과 현대적인 것은 동굴 벽 위에 그려진 최초의 데생부터 '의식화된' 요즘의 회화에 이르기까지 단 하나의 과제인, 고안된 회화의 세계에 속해 있다. 요즘의 회화가 우리의 경험과 상당히 다른 경험과 연관된 예술에서 무엇인가 취할 수 있다면, 그것은 틀림없이 회화가 그러한 예술을 변모시키기 때문이거나, 예술이 회화를 예고하거나, 적어도 회화에 대해 무엇인가 말할 것이 있기 때문이다. 또 태고의 공포나 아시아와 이집트의 본원적인 공포를 계승하고 있다고 믿는 예술가들이, 자신이 속해 있다고 생각한 제국이나 신앙은 이미 오래전에 사라져버렸지만, 여전히 우리 것이면서 그것들을 우리 앞에 현전하게 하는 또 다른 역사를 은밀히 맛보여주기 때문이기도 하다. 따라서 회화의 통일성은 단지 박물관 안에서만 존재되는 것이 아니다. 그것은 모든 화가들에게 제안되는 단 하나의 과제 속에도 존재한다. 즉 모든 화가가 언젠가 박물관에서 비교되도록 만들고, 그 열정이 고요한 밤에 서로에게 응답해주도록 만드는 과제 속에 존재한다. 동굴 벽에 그려진 최초의 데생들은 세계를 '그려야 할' 혹은 '묘사해야 할' 것으로 제시했고, 회화의 무한한 미래를 갈망했다. 바로 그 때문에, 최초의 데생들과 우리가 협력하는 것인 변형을 통해서 그 데생들은 우리에게 말하고 우리는 그 데생들에 응답하는 것이다. 여기에서 두 가지 역사성이 생겨난다. 하나는, 아이러니하고 조소적이기까지 하면서 잘못된 해석으로 만들어진 역사다. 왜냐하면 모든 시대는 이방인에게 대항하듯, 당대의 근심과 전망을 다른 시대들에 강제로 떠넘기면서 그 시대들과 투쟁하기 때문이다. 이와 같은 역사는 기억이라기보다는 오히려 망각이며 해체이고 무지이고 허상이다. 그러나 또 다른 역사는, 이것이 없으면 앞서 설명한 역사도 불가능해지는 그러한 역사다. 이런 역사는, 우리를 현재의 우리가 아닌 방향으로 이끌어가는 관심을 통해, 지속적인 교환 작용 속에서 과거가 우리에게 가져다주고, 우리 안에서 발견하는 삶을 통해, 그리고 새로운 모든 작품 속에서 회화의 전체적인 의도를 부활시키고 회복시키고 다시 부추기는 이 삶을 통해 점차적으로 구성되고 재구성된다.

말로는 종종, 회화들이 자신들이 긍정하는 것을 통해 서로 결합하게 되는 이러한 축적된 역사를, 화가 자신들이 부정하기 때문에 서로 대립하게 되는 잔혹한 역사에 종속시킨다. 그 결과 말로에게 있어서 화해란 죽음을 통해서만 가능하다. 우리는 경쟁 관계에 있는 그림들에 던져진 문제이자 이 그림들을 동시대의 것으로 만들어주는 문제인 단 하나의 문제가 무엇인지 항상 나중에 가서야 알아차리게 된다. 그러나 정말로 그 문제가 아직 화가들 속에 현존하지 않아서 작용을 하지 않는다면——그들 의식의 중심부에, 적어도 그들의 작업선상에 존재하지 않는다면——미래의 박물관이 어디에서 그 문제를 끌어낼 수 있을지는 우리도 알 수 없다. 발레리Paul Valéry[50]가 성직자에 대해 언급했던 것을 화가에게도 그대로 적용할 수 있을 것이다. 즉 발레리는, 성직자는 이중적인 삶을 살고 있으며, 자기 몫의 빵 중 반만을 봉헌한다고 말했는데, 이는 화가도 마찬가지다. 화가는 다른 모든 회화들을 적으로 갖는, 성 잘 내고 고통당하는 사람이다. 그러나 그의 분노와 증오는 작품의 찌꺼기에 불과하다. 질투에 빠진 이 불행한 인간은 어디에서든, 강박관념으로부터 해방된 보이지 않는 또 하나의 나, 즉 그의 회화가 규정하는 그 자신과 동행한다. 만약 화가가 자신을 신으로 생각하지 않고 붓의 제스처를 고유한 것으로 인정하지 않는 것에 동의한다면, 페기Charles Péguy[51]가 말한 '역사적인 각인'은, 화가가 잘 알아볼 수 있는 연관 관계나 혈연 관계를 표현하게 할 뿐일 것이다.

말로가 확실하게 보여주었듯이, 우리에게 '베르메르Jan Vermeer[52]의 작품'으로 보이게 해주는 것은, 어느 날 갑자기 베르메르라는 사람의 손에서 채색된 캔버스가 나왔기 때문이 아니라, 그림의 각 구성 요소들이 마치 백 개의 나침반 면 위에 있는 백 개의 바늘처럼 똑같은 간극을 표시하는 등가물의 법칙을 준수하기 때문이다. 한마디로 말해서 그 그림이 베르메르의 랑그로 말을 하기 때문인 것이다. 따라서 만약 한 위조자가 베르메르의 위대한 작품들의 제작 과정뿐만 아니라 스타일까지 복원하는 데 성공했다면, 그는 더 이상 위조자가 아니고, 아틀리에에서 권위 있는 걸작을 그린 화가들 가운데 한 사람으로 인정받을 것이다. 그러나 실제로는 이러한 위조는 불가능하다. 전혀 다른 풍의 회화들로 수세기가 흘렀고 회화에 대한 문제 자체의 의미도 변한 후이기 때문에, 베르메르처럼 자연스럽게 그림을 그릴 수 없는 것이다. 그림을 비밀리에 위조한 우리 시대 사람들 중 한 사람을 위조자로 분류하는 것은, 위조된 그림이 베르메르의 스타일을 제대로 재현하지 못한 데 따른 결과다. 베르메르를 비롯해 위대한 화가들의 이름은 모두 하나의 제도와 같은 어떤 것을 지칭한다. 역사가 '구舊체제ancien régime 하의 의회'나 '프랑스 혁명' 같은 사건들의 배후에서, 그 사건들이 인간 관계의 역동성 가운데서 진정으로 무엇을 의미하는지, 또 인간 관계의 어떤 변화를 대변하는지 발견해야 할 책임이 있는 것처럼, 그리고 그러한 일을 하기 위해서, 이것은 부수적이고 저것은 본질적인 것이라고 지적해야 하는 것처럼, 회화의 진정한 역사도 베르메르에 대해 말해주는 캔버스의 즉각적인 양상을 통해서 어떤 구조, 어떤 스타일, 어떤 의미——작가의 고뇌, 상황, 자기 복제로 인해 원래의 그의 붓놀림에서 벗어난 조화롭지 못한 세부 요소들이 능가할 수 없는——등을 찾아야 한다. 만약 회화의 역사가 그림을 직접 조사함으로써만, 어떤 캔버스의 진품 여부를 판단할 수 있다면 그것은 단지 우리가 원본에 대한 정보를 가지고 있지 않기 때문이 아니다. 그것은 한 대가의 작품에 대한 완전한 카탈로그만으로는 무엇이 정말 그의 것인지 알아내기에 충분하지 않기 때문이다. 또 대가자신은, 파롤이 담화를 추구하지 않음에 따라 과거와 미래를 향해 반항을 불러일으키는, 회화의 담화 속에 들어 있는 일종의 파롤이기 때문이며, 그가 결연히 자신의 세계에 전념함에 따라 그가 다른 모든 회화적 시도들과도 결부되어 있기 때문이다. 이와 같이 진정한 회화의 역사가 기존의 사건에만 주목하고 앞으로 도래할 것들에 대해서는 무시하는 경험적인 역사를 경계하려면 회고가 필수적이다. 그러나 회고는 화가의 총체적인 의지에 따라야 하며, 역사가 과거를 바라보는 것은 오직 화가가 앞으로 도래할 작품을 먼저 주시했기 때문이고, 화가들이 죽음 안에서 연대성을 가지는 것은 그들이 같은 문제를 안고 살기 때문이다.

이러한 측면에서 도서관과 마찬가지로 박물관의 기능도 전적으로 유익한 것만은 아니다. 물론 박물관은, 세계 도처에 흩어져 있으면서 장식품으로서 특정 종교 예식과 문명 속에 통합된 산물들을 단 한 번의 수고로 모두 관람할 수 있게 해주는 기능도 가지고 있다. 이런 의미에서 박물관은 회화를 회화 작품으로 인식하게 해준다. 그러나 회화는 무엇보다도 작업 중인 개개의 화가 내면에 순수한 상태로 존재하는 반면, 박물관은 회화를 회고라는 음울한 즐거움으로 위태롭게 만든다. 따라서 박물관에 갈 때는 우리처럼 겉치레에 젖은 존경심을 가지고 가지 말고, 화가들처럼 작업이 주는 소박한 즐거움을 안고 가야 한다. 박물관은 우리에게 도둑의 양심을 갖게 한다. 때때로 우리는 그 작품들이, 음울한 벽 사이에서 생을 마감하기 위해서, 혹은 일요일의 산책자들이나 월요일의 '지성인들'에게 즐거움을 주기 위해서 만들어진 것이 아님을 깨닫는다. 무엇인가 상실되어 있다는 것, 묘지 같은 평정은 예술의 진정한 세계가 아니라는 것, 그 많은 기쁨과 고통, 그리고 분노와 노력들이 언젠가 박물관의 슬픈 빛을 반영하도록 운명지어지지는 않았다는 것을 우리는 잘 느낀다. 그 많은 노력들을 '작품들'로 바꾸어놓은 박물관이 회화의 역사를 가능하게 만든다. 그러나 사람들이 자신의 작품 속에서 지나치게 위대함을 추구하지 않을 때 비로소 위대함에 도달할 수 있다는 것은 아마도 틀림없는 사실일 것이다.

또 화가와 작가들이 스스로 인간성을 만들어가는 중임을 지나치게 의식하지 않는 것도 과히 나쁜 일은 아닐 것이다. 하지만 결국 그들이 미술의 역사를 보다 진실하고 생생하게 느낄 수 있게 되는 것은, 박물관에서 미술의 역사를 관조하기 위해 '미술 애호가'로 자처할 때보다, 자신들의 작업 속에서 직접 미술의 역사를 이어갈 때일 것이다. 박물관은 작품의 진정한 가치를 그것이 태어난 우연한 환경으로부터 분리시키고, 언제나 운명이 예술가의 손을 인도해왔다는 사실을 믿게 함으로써, 작품의 진정한 가치에 그릇된 명성을 부가해놓는다. 모든 화가들에게 있어서 스타일은 심장 박동처럼 살아 숨쉬는 존재로, 자신의 것과 완전히 다른 시도를 곧바로 인식할 수 있게 하는 역할을 한다. 이에 반해 박물관은 그처럼 은밀하고, 점잖고, 확고하지 않고, 자의적이지 않고, 결국은 살아 있는 역사성을 공식적이고 과장된 역사로 바꿔놓는다. 어떤 화가에게 퇴보가 임박하면 그에 대한 우리의 우정에는 그동안 거기에 매우 낯설었던 비장감이 생긴다. 화가는 전 생애에 걸쳐서 작업했지만, 우리에게는 그의 작품이 벼랑 끝에 핀 꽃처럼 아슬아슬해 보인다. 박물관은 화가들을 낙지나 가재만큼 신비로운 존재로 만들어버린다. 또한 삶의 열기 속에서 탄생한 작품들을 다른 세계에서 유래한 놀라운 것들로 변형시켜놓는다. 명상에 잠긴 듯한 분위기와 방탄 유리 속에는 그 작품들을 지켜온 숨결은 단지 작품들 표면의 미약한 떨림에 불과하다. 도서관이 무엇보다 한 인간의 제스처였던 저술들을 일개 '메시지'로 변형시켰다던 사르트르의 말처럼, 박물관은 회화의 열정을 질식시키고 있다. 그것은 곧 죽음의 역사성인 것이다. 물론 삶의 역사성도 있지만, 박물관은 삶에서 누락된 이미지만을 제공한다. 삶의 역사성이란, 작업 중인 화가가 자신이 다시 포착해낸 전통과 자기 스스로 세운 전통을 단 한 번의 제스처로 연결시키는 작업을 할 때 화가 속에 머무는 역사성을 말한다. 또한 삶의 역사성은, 화가가 자신이 살던 장소와 시대, 또는 축복받거나 비난받은 작업을 떠나지 않은 상태에서 화가를 세상에서 결코 그려진 적이 없는 모든 것과 단번에 연결시키는 것이기도 하다. 삶의 역사성은, 완벽하게 완성되더라도 공허한 제스처에 불과한 회화들을 화해시키는 것이 아니라, 그것들 하나하나가 온전한 실존을 표현할 수 있도록, 그리고 모두가 성공할 수 있도록 그것들을 화해시키는 것이다.

만일 우리가 회화를 현재로 되돌려놓는다면, 회화는 우리의 순수주의가 화가와 타인들 사이에서, 또 화가와 자신의 진정한 삶 사이에서 배가시키고 싶어 하는 장벽을 허락하지 않을 것이다. 비록 카시스의 여관 주인이 르누아르가 〈세탁하는 여인들〉에서 지중해의 푸른빛을 시냇물로 이루어낸 그 변화를 이해하지 못했다 할지라도, 그가 항상 르누아르가 작업하는 것을 지켜보고 싶어 했던 것만은 분명한 사실이다. 그 변화가 그에게도 역시 흥밋거리였던 것이다. 동굴에 사는 사람들이 어느 날인가 전통 없이 열어놓은 길을 르누아르가 재발견하는 것을 막을 수 있는 것은 아무것도 없다. 르누아르가 그 여관 주인에게 조언을 구해서 그를 기쁘게 해주려고 했다면 큰 실수를 저지르는 게 되었을 것이다. 이런 의미에서 르누아르는 여관 주인을 위해 그림을 그린 것이 아니다. 그는 자신의 그림을 통해 자신이 인정받고 싶어 한 조건들을 스스로 규정지었다. 그러나 결국 그는 그림을 그렸다. 즉 가시적인 것에 대해서 질문을 던져 가시적인 것을 만들어냈던 것이다. 그가 〈세탁하는 여인들〉에 나타난 시냇물의 비밀을 되풀이해 요구한 대상은 바닷물, 즉 세계였다. 자신과 함께 그 세계에 갇혀 있는 사람들을 위해 그는 이쪽에서 저쪽 세계로 이어지는 통로를 열어주었던 것이다. 뷔유맹 Jules Vuillemin[53]이 지적한 대로, 그들의 언어를 말하는 문제가 아니라, 자신을 표현하면서 동시에 그들을 표현하는 문제였다. 화가와 화가 자신의 삶의 관계도 이와 같은 질서에 속한다. 말하자면 화가의 스타일은 화가의 삶의 스타일이 아니고 스타일이 삶을 표현 쪽으로 끌어당기는 것이다. 이런 점에서 미루어 보면 왜 말로가 회화에 정신분석학적인 설명을 늘어놓기를 좋아하지 않았는지 이해할 수 있을 것 같다. 비록 성 안나의 망토가 독수리[54]라 할지라도, 또 레오나르도 다 빈치Leonardo da Vinci가 독수리를 망토처럼 그리는 동안 자신의 내면에 있는 제2의 다 빈치가 수수께끼를 푸는 독자처럼 머리를 한쪽으로 기울이고 그것을 독수리로 해독했다는 사실(이것은 결코 불가능한 일이 아닌데, 왜냐하면 다 빈치의 삶 속에는 그로 하여금 예술 작품 속에 괴물들을 삽입하도록 영감을 불러일으킬 수 있는 놀라운 신비화 취미가 있었기 때문이다)을 인정한다 할지라도, 만약 그 그림이 또 다른 의미를 지니고 있지 않다면 그 어느 누구도 더 이상 그 독수리에 대해 언급하지 않을 것이다. 설명은 세부적인 사항들, 즉 기껏해야 소재들을 밝혀낼 뿐이다. 화가가 '항문기anal'[55]에 있기 때문에 색을 다루는 것을 좋아한다──조각가는 점토 다루는 것을 좋아한다──는 것이 인정된다 하더라도, 이러한 사실이 항상 우리에게 무엇을 그릴지, 무엇을 조각할지 말해주지는 않는다.[56] 이와는 완전히 반대되는 태도, 즉 우리가 화가들의 삶에 대해 알려고 하는 것을 전혀 용납하지 않고 그들의 작품을 마치 하나의 기적인 양 사적 또는 공적인 역사와 세상 밖에 두려는 태도는, 우리에게 작품의 진정한 위대함을 감추어버린다. 다 빈치가 불행한 어린 시절을 보낸 수많은 피해자 중 한 사람인데도 그들과 다른 것은, 그가 저 너머의 세계에 한발 들어섰기 때문이 아니라, 그가 자신이 살면서 체득한 모든 것으로부터 세계를 해석하는 방법을 찾아내는 데 성공했기 때문이다. 그가 몸이나 봄Vision을 가지고 있지 않아서가 아니라, 그가 자신의 몸적 혹은 생체적인 상황을 언어로 구성해냈기 때문이다. 우리가 사건의 단계에서 표현의 단계로 넘어갈 때 우리는 세계를 변화시키는 것이 아니다. 이미 있었던 기존의 소재들이 어떤 의미화 체계로 넘어가는 것일 뿐이다. 이 소재들은 내면으로부터 깊이 파헤쳐져서 고찰되다가, 마침내 그러한 소재들은 고통스럽게 하고 상처받게 한 우리의 중압감으로부터 해방되어, 투명해지고 심지어 빛나게까지 되며, 그것들과 유사한 세계의 여러 가지 모습은 물론이고 다른 모습들까지 명료하게 만들 수 있다. 그래서 그 소재들은 설사 변형되더라도 여전히 거기에 존재한다. 또 우리가 그것들에서 어떤 지식을 얻게 되더라도, 그것은 결코 작품 그 자체에서 얻는 체험을 대체할 수는 없을 것이다. 다만 창작을 헤아리는 데 도움을 주고, 되돌릴 수 없는 유일한 추월이 생기는 자리에서 우리에게 그 추월에 대해 가르쳐줄 뿐이다. 만약 우리가 그 결정적인 순간에 참여하기 위해 화가의 입장에 선다고 가정해보자. 여기에서 결정적인 순간이란, 몸의 운명과 개인적인 모험, 또는 역사적인 사건으로부터 화가에게 주어진 것이 '모티브'에 입각해 결정으로 바뀌는 바로 그 순간이다. 우리가 화가의 입장에서 본다면, 그의 작품은 하나의 결과물이 아니라 언제나 그 같은 소재에 대한 응답이고, 몸과 삶, 경치, 유파, 정부, 채권자, 경찰, 혁명 등은 회화를 질식시킬 수 있으나, 한편으로는 성체성사의 빵이 되기도 한다는 사실을 이해할 수 있을 것이다. 그림 속에서 산다는 것은 여전히 이 세계를 호흡하는 것이다. 이 세계 속에서 그려내야 할 무엇인가를 찾는 사람에게는 더욱 그럴 테지만, 평범한 사람인 경우에도 어느 정도는 그렇다.

이 문제를 끝까지 파헤쳐보도록 하자. 말로는 세밀화와 동전에 주목하는데, 이들은 사진으로 확대해서 보면 신기하게도 원래 큰 작품과 똑같은 스타일을 보여준다. 또한 그는 유럽의 경계 밖에서 발굴된 작품들——어떠한 '영향'도 받지 않은 작품들——에도 주목하는데, 요즘 사람들은 그러한 작품들을 보면서, 하나의 의식 있는 회화가 다른 곳에서 재발명한 똑같은 스타일을 만나게 되는 것에 대해 몹시 놀라워한다. 우리가 예술을 개인의 가장 비밀스러운 곳에 가둬버린다면, 이 같은 작품의 일치에 대해 그것을 지배하는 어떤 운명이 있다고 설명하는 수밖에 없을 것이다. "마치 미술의 상상적인 정신이 세밀화에서 회화로, 프레스코에서 스테인드 글라스로 정복을 추진하다가 그 정복과 유사하거나 대립적인 정복이 나타나면 서로를 위해 정복을 포기하곤 했던 것처럼, 또 역사의 보이지 않는 급류가 그 정복들을 휩쓸어서 여기저기 흩어져 있는 이 모든 작품들을 연결해주곤 했던 것처럼……전개와 변형 속에서 익히 알려져 있는 스타일은 하나의 관념이 아니라 살아 있는 숙명의 환상이 된다. 이와 같이 확실하지 않은 탄생과, 부나 유혹의 맛을 정복하거나 정복당하는 삶, 그리고 죽음의 고통과 부활 등을 경험한 몽환적인 초미술가sur−artiste들을 미술의 세계로 끌어들이는 것은 재생산뿐이다."[57] 그러므로 말로는, 적어도 은유적으로, 가장 멀리 떨어져 있는 시도들을 규합하는 역사라는 개념, 화가의 배후에서 작용하는 회화라는 개념, 그리고 화가를 도구로 지니는 역사 속에서의 이성이라는 개념과 맞닥뜨리게 된다. 이와 같은 헤겔풍의 괴물들은 말로의 개인주의에 대한 안티테제인 동시에 보충물이다. 그렇다면 지각 이론이 화가를 다시 가시적인 세계 속에 머물게 하고 몸을 자발적인 표현으로 재발견하게 될 때, 그 괴물들은 무엇이 될까?

앞에서 이미 어느 정도 밝힌 가장 단순한 사실에서 출발해보자. 확대경으로 메달이나 세밀화를 보면 큰 작품들과 똑같은 스타일이 나타나는데, 이는 사람의 손이란 자신의 스타일을 어디든지 몸에 지니고 다니기 때문이다. 스타일은 제스처와 분리되지 않으며, 소재를 선으로 표시하기 위해서 윤곽선의 각 점들을 지나치게 꾹꾹 누를 필요가 없다. 우리가 종이 위에 세 손가락으로 글자를 쓰든, 분필을 가지고 칠판 위에 팔 전체를 움직여 쓰든, 우리는 자신의 필체를 알아볼 수 있다. 왜냐하면 필체는 우리 몸속의 어떤 근육과 연결되어 물리적으로 제한된 운동을 완수하도록 예정되어 있는 기계적인 움직임이 아니라, 스타일의 일관성을 유지하면서 전이가 가능한 형식화를 만들어내는 일반적인 원동력이기 때문이다. 심지어 전이가 일어나지 않을 수도 있다. 즉, 우리는 단순히 새로운 상황에 따라 새로운 문제를 만들어내게 되는 사물로서의 손과 사물로서의 몸을 가지고 즉자적인 공간에 글을 쓰는 것이 아니다. 마치 다른 음높이로 연주되는 멜로디가 즉시 동일한 것으로 확인되듯이, 크기의 차이만 무시하면 동일한 형태의 결과들이 단숨에 비슷한 것으로 보이는, 지각된 공간 안에서 글을 쓰는 것이다. 여기에서 글을 쓰는 손은 현상적인 손main-phénomène으로, 운동의 공식과 더불어 개개의 특별한 경우에 맞게 실현될 수 있는 효과적인 법칙 같은 것을 가지고 있다. 작품의 보이지 않는 구성 요소들 속에 이미 존재하는 스타일에서 가장 경이로운 것은, 인간 세상에서 지각된 사물에 입각해 작업하는 예술가가, 광학 장치가 드러내주는 비인간적인 세상 속에까지 그의 흔적을 남겨놓는다는 사실이다. 이것은 마치 수영하는 사람이 자신이 물안경을 쓴 채로 발견하기를 두려워하는, 물 속에 매몰된 세계 전체를 자신도 모르게 대강 훑어보는 것과 같고, 아킬레스가 단걸음에 공간과 순간의 무한한 총화를 실현하는 것과 같다. 진정으로, 인간이라는 단어로 인해 저 위대한 경이로움의 이상스러움이 우리에게 감춰져서는 안 된다. 여기에서 적어도 우리는, 이 기적이 우리에게 자연스럽고, 우리의 육화된 삶과 함께 시작되며, 그것에 대한 설명을 어떤 세계 정신Esprit du Monde──우리가 인식하지 않아도 우리 안에서 작용하고 있었고, 지각된 세계를 초월해서 우리를 대신해 극히 미세한 수준으로 지각하고 있었던——에서 찾아야 할 이유가 없다는 것을 안다. 여기서 세계 정신은, 우리가 움직이고 응시할 줄 아는 바로 그 순간의 우리 자신이다. 이와 같이 단순한 움직임들은 이미 표현 행위의 비밀을 담고 있다. 즉 예술가가 자신이 작업하는 재료의 결에까지 자신의 스타일을 방사하는 것처럼, 나는 어떤 근육이나 신경 통로가 관여해야 하는지, 그리고 어디에서 그 행위의 도구를 찾아야 하는지 모른 채 몸을 움직인다. 나는 몸의 메커니즘에 대한 비인간적인 비밀에 관여하지 않고, 그 비밀을 그 문제의 주어진 자료들——예를 들어 몸의 메커니즘과 어떤 정렬 체계와의 관계에 의해 결정된 목표 지점——에 맞추지 않고도, 저기로 가고 싶다면 저기로 갈 수 있다. 목표를 바라보고 그 목표로 가고 싶다고 생각만 하면, 몸의 기관이 알아서 내가 거기로 가기 위해서 해야 할 일들을 하게 된다. 내 눈에는 모든 것이 지각과 제스처로 이루어진 인간 세상 안에서 펼쳐지지만, '지리적' 또는 '물리적'인 나의 몸은, 그 안에서 끊임없이 수많은 자연적인 기적을 일으키는 작은 드라마의 요구를 따르고 있을 뿐이다. 목표를 향한 나의 시선도 이미 기적을 내포하고 있다. 그것은 권위를 가진 존재 안에 머물며, 거기에서 정복자처럼 행동한다. 나의 눈에서 적응과 집중 운동을 얻어내는 것은 대상이 아니다. 오히려 이와 반대로 만일 내가 나의 눈을 어떤 대상에 대한 봄을 가능하게 하는 데 사용하지 않는다면 나는 어떤 것도 결코 뚜렷하게 보지 못할 것이고, 나에게는 어떠한 대상도 존재하지 않을 것이다. 여기에서 몸을 대신하는 것, 우리가 무엇을 보게 될 것인지 예견하는 것은 정신이 아니다. 가까이 다가온 대상에 초점을 맞추는 것은, 시선끼리의 동시 작용과 그것을 탐구하고 답사하는 나의 시선 그 자체다. 우리의 시선 교정이 결과들을 내놓는 어떤 실질적인 계산에 입각해야 한다면, 그것은 결코 그처럼 빠르거나 정확하지 못할 것이다. 따라서 우리는 시선과 손, 그리고 일반적으로 몸이라는 이름을 가진 것들을 통해 세계를 검열할 수 있는 체계 중의 체계를 판별해내야 한다. 그것은 거리를 뛰어넘고 지각적인 미래를 꿰뚫어 보며, 불가사의한 존재의 진부함 속에서 우묵한 곳과 튀어나온 곳, 간격과 틈을 하나의 의미로 그려내는 체계다. 무한한 재료 속에서 자신의 아라베스크를 그리고 있는 화가의 움직임은, 지향된 운동이나 포착된 제스처의 단순한 경이로움을 증폭시키고, 또한 지속시킨다. 이미 의미를 가지기 시작한 제스처 속에서 몸은 자체 내에 어떤 세계에 대한 도식을 지니고 있고 바로 그 세계로 넘쳐흐를 뿐만 아니라, 그 세계에 소유되기보다는 멀리 떨어져서 그 세계를 소유한다. 표현의 제스처는 스스로 묘사하고 자기가 지향하는 것을 밖으로 표출하는 임무를 띠고 있어서 세계를 회복시킨다. 그러나 어떤 사람이 자신의 상황과 맺고 있는 무한한 관계는 이미, 취해진 우리의 첫 번째 제스처와 함께 평범한 우리의 행성에 침입해 들어와서 우리의 행동에 무한한 가능성을 열어놓았다. 모든 지각, 그리고 이를 전제로 하는 모든 행위, 말하자면 우리 몸을 인간적으로 이용하는 것 모두가 이미 원초적인 표현이다. 그것은 어딘가 다른 곳에서 의미와 사용 규칙과 함께 주어진 기호들을 표현된 것 대신에 사용하는 이차적인 노력이 아니다. 그것은 기호들로 기호들을 구성한 다음, 기호들을 배열하고 윤곽을 잡아주는 단 한 번의 웅변을 통해 기호들 안에 '표현된 것'을 안착시키고, 의미가 없는 것에 의미를 부여하는 최초의 작용이다. 이 같은 최초의 작용은, 웅변이 시작되는 순간에 고갈되기는커녕, 어떤 질서를 열어주고 제도나 전통을 세워주는 일차적 작용이다.

만일 어느 누구도 본 적이 없고, 어떤 의미에서는 어느 누구도 만든 적이 없는 세밀화 속에 현전하는 스타일이 우리 몸성corporéité의 실제實際와 혼동되어 어떤 신비한 설명을 요구하지 않는다면, 서로 어떤 영향도 미치지 않았음에도 불구하고 세상의 한쪽 끝에서 다른 쪽에 이르기까지 유사한 작품들을 출현하게 만드는 특이한 수렴 현상에 대해서도 똑같이 말할 수 있을 것이다. 우리는 이와 같은 유사성을 설명할 수 있는 원인을 역사 속의 이성이나 예술가들을 이끄는 초예술가들에게서 찾는다. 그러나 먼저 유사성에 대해 언급하는 것은 문제를 잘못 제기하는 것이다. 왜냐하면 유사성은 수많은 문화의 차이와 다양성에 비하면 결국 아무것도 아니기 때문이다. 어떠한 안내자나 견본도 없는 재발명이 나올 개연성——아무리 미미하다 할지라도——은 이러한 예외적인 반복을 설명하기에 충분하다. 따라서 진짜 문제는 왜 그처럼 상이한 문화들이 같은 것을 추구했고 같은 임무를 수행했는지 (기회가 되면 그 문화들은 도중에 동일한 표현 양식을 만나게 된다), 왜 어떤 문화의 산물이 비록 본래의 의미대로는 아닐지라도 다른 문화에도 의미가 있는지, 왜 우리는 수고스럽게 물신物神을 예술로 변형시키려고 하는지, 그리고 왜 결국에는 하나의 회화 혹은 하나의 회화 세계가 존재하는지 등을 이해하는 것이다. 다만 이것을 문제로 성립시키기 위해서는 우선, 우리 자신을 지리적 혹은 물리적 세계에 자리 잡게 하고, 서로간에 유사성이나 연관성이 있을 것 같지 않고 어떤 설명 원리를 요구하는 개개의 분리된 사건으로서의 작품들을 그 세계에 설정해놓아야 한다. 그러나 우리는 이와는 반대로, 문화의 질서나 의미의 질서를 도래avènement[58]의 근원적 질서로서 인정할 것을 제안하는데, 만일 이러한 질서가 존재한다면 그것은 단순한 사건들의 질서에서 파생되어서도 안 되고, 기이한 결합의 단순한 결과로서 취급되어서도 안 된다. 인간 제스처의 고유한 특징이 제스처라는 사실상의 단순한 존재를 벗어나서 하나의 의미를 열어주는 것이라면, 모든 제스처는 하나의 구문에서 발생하고 다른 것과 서로 비교될 수 있다는 결론이 나온다. 각각의 제스처는 시작이면서 연속이고, 사건처럼 단 한 번으로 모든 것이 종결되지 않는 한, 차이 속에 갇히지 않는 연속인 동시에 재개다. 또 그것은 단순한 현전을 넘어서는 가치를 지니며, 이로 인해 여타의 모든 표현적인 시도들과 동맹자 혹은 공범자의 관계를 맺는다. 여기에서 어렵지만 중요한 것은, 우리가 사건들의 경험적 질서와 구별되는 시각 장을 설정하면서 어떤 회화 정신을 상정하지 않는다는 사실을 이해하는 것이다. 점진적으로 세계에 나타나 그 세계의 이면에서 스스로를 억제하고 있을 회화 정신을 말이다. 사건들의 인과율을 초월한 인과율, 즉 회화의 세계를 자체의 고유한 법칙을 지닌 '초감각의 세계'로 만들어 버리는 제2의 인과율이란 존재하지 않는다. 문화적 창작은 외부 환경 속에서 매개체를 발견하지 못한다면 아무 효력이 없다. 그러나 조금이라도 창작에 적합한 환경을 만나 보존되고 전해지는 회화는, 채색된 캔버스 조각으로서뿐만이 아니라 창작자가 정의한 의미를 부여받은 작품으로서, 계승자들 내면에서 작품 자체와는 비교도 안 될 정도로 선동적인 힘을 전개해나간다. 이처럼 화가의 확고한 의도를 초과하는 작품은 다양한 관계 속에 놓이게 되며, 회화의 짧은 역사와 화가의 심리는 이 관계들의 몇몇 반영을 지니고 있을 뿐이다. 이는 마치 세계를 향한 몸의 제스처가 몸을, 생리학과 순수 생물학이 진리로 믿고 있는 관계들의 질서 속으로 이끄는 것과 같다. 몸을 허약하고 상처 받기 쉬운 것으로 만드는 각 부위의 다양성에도 불구하고, 몸은 하나의 제스처로 다시 통합될수 있다. 이때 제스처는 잠깐 동안이나마 몸의 각 부위의 분산을 지배하고 자기가 하는 모든 일에 서명을 한다. 바로 이와 같은 방식으로 우리는 시간과 공간을 초월해, 모든 화가들의 제스처를 오직 하나의 시도로 통합하고, 그들의 작품을 오직 하나의 축적된 역사, 즉 오직 하나의 예술로 통합하는 인간적 스타일의 어떤 통일성에 대해 말할 수 있다. 문화의 통일성은 개인적인 삶의 한계를 넘어서, 삶의 매 순간을 문화가 태동하고 탄생하는 순간과 미리 연결하는 일종의 에워싸기를 확장한다. 이때 (우리가 일상적으로 말하듯) 의식은 하나의 몸에 고정돼 있고, 미래에 어떤 새로운 존재가 될 것이 세상에 나타난다. 뭔지는 알 수 없으나, 어쨌든 이 새로운 존재는, 이제부터 무엇인가가 그것이 되지 않을 수 없을 그런 것이다. 그것은 지금 막 시작된 이 삶의 종말일 뿐인 것이다. 분석적인 사고는 한순간에서 다른 순간으로, 한 장소에서 다른 장소로, 하나의 전망에서 다른 전망으로 이동하는 지각적인 전이를 깨트리며, 우리가 지각할 때 이미 거기에 있는 어떤 통일성을 보증해줄 담보물을 정신 쪽에서 찾는다. 또 문화의 통일성을 파괴하고 난 뒤, 이를 밖에서 재구성하려고 애쓰기도 한다. 결국 분석적인 사고는, 그 자체로 죽은 문자와 다름없는 작품들과 그것에 자유롭게 의미를 부여하는 개인들을 다룰 뿐이다. 그렇다면 어떻게 작품들이 서로 유사해지고, 개인들이 서로를 이해할 수 있는 것일까? 바로 이에 대해 답하기 위해서 회화의 정신이라는 것을 도입하는 것이다. 그러나 우리가 실존에 의해 다양성을 확대하고 특히 몸에 의해 공간을 소유한다는 것을 기본적인 사실로 인식해야 하는 것과 마찬가지로, 우리의 몸도 삶을 살아가고 제스처로 변하는 경우에 한해서, 그리고 세계 속에 존재하려는 노력에 의지해야만 그 자신을 바로 세울 수 있다. 왜냐하면 몸은 위쪽으로 향하려는 성향이 있고, 지각 장이 몸을 이와 같이 위험한 자세로 끌고 가기 때문이며, 또한 분리되어 있는 정신으로부터는 그런 능력을 받을 수 없기 때문이다. 이와 마찬가지로 한 작품에서 다른 작품으로 흐르는 회화의 역사는 자기 자신에게만 의지하며, 노력——표현의 노력이라는 단 한 가지 사실로 귀결되는 노력——이라는 여인주女人柱에 의해서만 지탱된다. 따라서 의미의 내적 질서는 영원한 것이 아니다. 그 질서는 경험적인 역사의 구불구불한 노선을 일일이 따르지 않는다면 일련의 연속적인 과정을 그려내고 요구한다. 왜냐하면 우리가 잠정적으로 말했듯이, 이러한 내적 질서는 그 질서의 모든 계기繼起들이 단 하나의 작업으로 맺어진 친족 관계로만 규정되지 않기 때문이다. 좀더 자세히 말해서 내적 질서의 계기들은 곧 회화의 계기들이기 때문에, 각 계기들은——각 계기들이 보존되어 전달되기만 한다면——기획

중인 상황을 수정해서 이후 출현할 계기들과 확실하게 구분될 것을 요구한다. 두 개의 문화적 제스처가 동일한 것이 되려면 서로 모른다는 조건 하에서만 가능하다. 따라서 스스로 발전하는 것, 다시 말해서 변하는 것, 헤겔이 말한 대로 '자신에게로 복귀'하는 것, 그리고 결국에는 역사라는 형식으로 출현하는 것 등이 예술에서는 필연적이다. 그리고 우리가 회화의 통일성의 근거로 삼고 있는 표현적인 제스처의 의미는 원칙적으로 발생적인 의미다. 도래는 사건들의 약속이다. 우리가 지각하는 몸의 실제 행위 속에서 직면했던 지배적인 영향처럼, 회화의 역사에서 다수에 대한 하나의 지배적인 영향은 연속을 영속화하지 않는다. 오히려 그러한 영향은 연속을 요구하며, 연속을 의미 작용으로 발전시키면서 동시에 연속을 필요로 한다. 따라서 두 가지 문제, 즉 몸과 회화 사이에서 문제가 되는 것은 단순한 유추analogie뿐만이 아니다. 왜냐하면 몸의 표현 작용이 회화에서 예술로 확대되는 것은 사소한 지각에서 시작되었기 때문이다. 그림에서 의미 작용의 장은 한 인간이 이 세상에 탄생하면서부터 열린다. 동굴 벽화에 그려진 최초의 그림이 하나의 전통을 수립할 수 있었던 것은, 그것이 또 다른 전통, 즉 지각이라는 전통으로 이루어졌기 때문이었다. 예술의 준영원성quasi éternité은 몸으로 구현된 실존의 준영원성과 뒤섞여 있다. 우리는 몸과 감각을 사용하는 데 있어서 몸과 감각이 우리를 세상에 밀어 넣는

만큼 우리는 몸과 감각을 실행하고, 우리의 문화적 몸짓화 gesticulation가 우리를 역사 속에 끼워 넣어주는 만큼, 우리는 무엇이 문화적 몸짓화인지 이해하게 된다. 언어학자들은, 라틴어가 끝나고 프랑스어가 시작되는 날짜를 역사 속에서 엄밀히 표시할 방법이 없다는 것을 예로 들면서, 단 하나의 언어와 함께 끊임없이 작용하는 단 하나의 혀가 있을 뿐이라고 말한다. 마치 우리 몸이 가능한 모든 대상을 지배한 덕분에 하나의 공간을 이룬 것처럼, 표현의 계속적인 시도가 하나의 역사를 이루고 있다는 것이다.

이렇게 이해된 역사는 오늘날 벌어지고 있는 역사에 대한 혼란스러운 여러 가지 논쟁에서 벗어나서――여기에서는 다만 이 정도로 지적하고 넘어갈 수밖에 없지만――다시 철학자를 위해 존재해야 하는 것, 즉 철학적 반성의 중심이 된다. 그 자체로 절대적으로 확실한 '단일한 본질'로서가 아니라, 그와는 반대로 우리의 의문과 경이가 집결된 장소로서의 중심 말이다. 오늘날 우리는 역사와 역사적 변증법을 어떤 외적인 힘으로 간주하고 있다. 우리는 이러한 역사와 우리 자신 사이에서 선택을 강요당하고 있고, 역사를 선택한다는 것은 우리가 밑그림조차 되지 않는 미래 인간의 출현에 몸과 영혼을 바치는 것을 의미한다. 또한, 바로 미래를 위해 수단들에 관한 일체의 판단을 포기하고 효율성을 위해 일체의 가치 판단과 '자기 자신에 대한 자신의 동의'를 포기한다는 것을 의미하기도 한다. 이러한 역사라는 우상은 신이라는 기본적인 개념을 세속화하며, 현재의 논의들이 소위 역사의 '수평적 초월성'과 신의 '수직적 초월성' 사이에서 평행 관계로 되돌아가고 있는 것은 결코 우연이 아니다.

사실, 이러한 문제를 제기하는 것은 이중의 잘못을 저지르는 것이다. 지난 스무 세기 동안 유럽과 세계의 많은 나라들이 소위 수직적 초월성을 부인해왔는데, 세상에서 가장 훌륭한 회칙들도 이러한 사실 앞에서는 무력해지고 만다. 기독교 사상이 다른 무엇보다 인간과 신 사이에 존재하는 신비——보다 정확하게 말하자면, 신이 종속이라는 수직적 관계를 원하지 않았다는 사실에서 유래한 신비——를 우선시한다는 사실은 누구나 알고 있을 것이다. 신은 우리가 곧 그 결과가 되는 원리나 우리가 곧 그 도구가 되는 의지가 아니며, 심지어, 인간의 가치들이 그 반영에 불과한 모델도 아니다. 따라서 우리가 없다면 신은 무능력할 뿐이고, 그리스도라는 존재는 신도 인간이라는 조건과 결합되지 않고는 완전한 신이 될 수 없다는 것을 입증한다. 여기에서 더 나아가 클로델Paul Claudel[59]은, 신은 우리 위에 군림하는 것이 아니라 우리 아래에 존재한다고 말하는데, 이것은 우리가 신을 초감각적 이념으로 생각하는 것이 아니라, 우리의 모호함 속에 머물면서 그 모호함을 확인시켜주는 또 다른 우리 자신으로 생각하고 있다는 것을 의미한다. 초월성은 더 이상 인간 위에서 불쑥

다가오지 못한다. 기이하게도 인간이 특권을 지닌 초월성의 담지자擔持子이기 때문이다.

게다가 어떤 역사에 관한 철학도 현재의 실체를 모두 미래로 옮겨놓거나, 다른 것에 자리를 내어주기 위해서 자신을 파괴해본 적이 없다. 미래를 향한 이와 같은 신경과민은 정확하게는 철학이 아닐 것이며, 우리가 무엇을 믿고 있는지 알려고 하는 데 대한 단호한 거부일 것이다. 지금까지 어떠한 철학도 초월성들——예를 들어 신의 초월성과, 인간의 미래의 초월성 사이들——사이에서 선택하는 데 있지 않았다. 그보다는 그러한 초월성들을 중재하는 일, 예를 들어 어떻게 신이 인간이 되고 어떻게 인간이 신이 되는지를 이해하는 일에 본질을 두었으며, 또한 수단을 위한 선택이 이미 목적을 위한 선택이게 만들고, 자아가 세계, 문화, 역사 등이 되게 만들며, 문화가 자아와 동시에 쇠퇴하게 만드는 그 기이한 포섭 현상을 밝히는 일에 본질을 두었다. 끊임없이 반복해서 말해왔듯이, 헤겔에게 있어서 현실적인 것은 모두 합리적인 것이며 정당화될 수 있는 것이다. 그러나 때로는 진정한 획득으로서, 때로는 정지 상태로서, 때로는 새로운 도약을 위한 후퇴와 퇴각으로서도 정당화될 수 있다. 간단히 말해, 이러한 역사가 자기에게 과하는 조건 하에서는, 우리의 실수조차 중요한 가치를 가지고, 우리의 진보는 우리의 이해된 실수라고 이야기 된다는 의미에서, 전체 역사의 한 계기로서 상대적으로 정당화된다. 그렇다고 그것이 성장과 쇠퇴, 탄생과 죽음, 후퇴와 진보의 차이를 없애지는 못한다.

헤겔의 국가론과 전쟁론이, 역사의 비밀을 알고 있는 철학자의 절대 지知에만 역사적인 저술에 대한 판단을 남겨두고 다른 모든 사람들에게는 그 판단을 유보하도록 하는 것처럼 보이는 것은 사실이다. 그렇지만 이로 인해, 그가《법철학 강요Grundlinien der Philosophie des Rechts》에서 의도를 바탕으로 행동을 판단하는 것과 마찬가지로 결과에 따라 행동을 판단하는 것 역시 경계해야 한다면서 다음과 같이 말한 것까지 잊어서는 안 된다. "행위 속에서 결과를 고려하지 않는 원리와, 행위의 결과에 따라서 행위를 판단하거나, 이 결과를 무엇이 정당하고 옳은지 판단하는 척도로 간주하는 또 다른 원리, 이 두 가지 원리는 모두 추상적인 오성에 속한다."[60] 각각의 삶의 책임을 그 삶이 꿈꿨던 확고하고 필연적인 결과에 국한시킬 수 있을 정도로 분리된 삶들, 그리고, 똑같이 터무니없는 실패와 성공의 역사이자, 인간이 이루어온 것을 왜곡하거나 미화하는 외부의 우연들에 따라 인간을 영광스럽게 하거나 불명예스럽게 평가하는 역사. 이 두 가지가 헤겔이 받아들이지 않는 한 쌍의 추상이다. 헤겔이 염두에 두었던 것은 내적인 것이 외적인 것이 되는 순간인 전환이나 선회, 즉 행위다. 전환이나 선회를 통해 우리는 타인에게로 가고 타인은 우리에게로 온다. 행위를 통해서는 나는 나 자신의 모든 것을 책임지며, 구조救助를 외부의 우연한 사건들의 배신으로 받아들이며, 또 "필연성에서 우연성으로의 변형과 그 역[61]으로 받아들인다". 나는 나 자신의 의도뿐만 아니라 사태가 그 의도를 가지고 만들어내는 것에 대해서도 주인임을 주장하고, 세상과 타인, 그리고 나 자신까지도 존재하는 그대로 포착해, 그 모든 것에 대해 책임을 진다. "행동한다는 것은……이러한 법칙에 자신을 내맡기는 것이다."[62] 행위는 사건을 자기 것으로 만들어서, 우리는 실패한 범죄를 성공한 범죄보다 훨씬 가볍게 벌하고, 오이디푸스는 그런데도 실제로 자신을 존속살해범과 근친상간자로 느낀다. 사태의 경과를 책임지려는 행위의 어리석음에 직면해서 우리는, 행동하거나 살아간다는 것은 이미 영광의 기회와 더불어 치욕의 위험까지 함께 받아들이는 것이기 때문에 죄인들밖에 없다고 무심하게 결론을 내리고 싶어 할 수 있다. 또한 어떤 것도, 심지어 범죄도 무ex nihilo(無)에서 의도된 것이 아니고, 어느 누구도 자신이 선택을 해서 태어나는 것이 아니기 때문에 무죄인들밖에 없다는 결론을 내리고 싶어 할 수도 있다. 그러나 내면성의 철학과 외면성의 철학을 넘어서 모든 것이 동등하게 되는 철학에 직면해 헤겔이 제안한 것은, 시도나 기획에 대한 판단, 즉 작업에 대한 판단이다. 헤겔이 이런 제안을 한 것은 모든 것이 언급되었을 때에는 유효한 것과 유효하지 않은 것, 그리고 우리가 수용한 것과 거부한 것 사이에 어떤 차이가 있을 것이기 때문이다. 다시 말해서 그것은 단지 의도나 결과에 대한 판단이 아니라, 우리가 행해온 선한 의지에 대한 판단인 동시에, 실제 상황을 평가하는 방식에 대한 판단인 것이다. 한 인간을 의도나 사실로써 판단하는 것이 아니라, 가치를 사실로 만드는지의 여부에 따라서 판단한다는 것이다. 이와 같은 일이 벌어질 때 행위의 의미는 그것을 야기한 상황이나 다소 모호한 가치 판단 속에서 소모되지 않고 표본이 되어, 다른 상황이나 다른 형태 속에서 계속 잔존할 것이다. 행위는 하나의 장을 열어주고 때로는 하나의 세계를 창설하며, 어쨌든 미래의 윤곽을 그려준다. 따라서 헤겔에게 있어서 역사란 미지의 미래를 위해 현재를 희생시키는 것이 아니라 현재 속에서 미래를 성숙시키는 것을 의미한다. 또 행위의 법칙은 어떤 희생을 치르더라도 효과적이어야 하는 것이 아니라, 무엇보다도 우선 생산적이어야 한다.

'수직적 초월성'(인정을 받고 있든 아니면, 단지 아쉽게 여겨지고 있든)이라는 이름으로 '수평적 초월성'에 반대하는 논객들은 기독교에게 못지않게 헤겔에게도 공평하지 못했다. 논객들은 피로 얼룩진 우상——자신들이 그렇게 믿고 있는——뿐만 아니라 원리를 사건으로 만드는 의무마저 역사와 더불어 갑판 너머 바다 속에 내던져버림으로써, 변증법의 남용에 대한 치유책이 되지 못하는 거짓된 솔직함을 다시 도입하는 불편을 겪는다. 오늘날 항상 서로 공범 관계에 있는 신

마르크스주의자들의 비관주의와 반마르크스주의자들의 사유의 나태함은 우리 내부와 외부에서 변증법을 거짓과 실패의 힘으로, 선에서 악으로의 변형으로, 또는 불가피한 기만으로 표현한다. 헤겔에 의하면 이것은 변증법[63]의 한 측면에 불과하다. 말하자면 변증법은 우리를 악에서 선으로 이끌어주는, 사건, 이를테면 우리가 우리 이익만 추구한다고 생각할 때 우리를 보편적인 것으로 인도해주는 사건의 은총만큼이나 좋은 면도 지니고 있다. 헤겔도 이와 비슷하게 말한 적이 있는데, 변증법이란 스스로 자신의 진행을 창조하고 자기 자신으로 되돌아가는 운동, 즉 자신의 고유한 자발성 외에는 어떤 안내자도 없고, 자신을 벗어나지도 않으며, 이따금씩 자신을 검증하고 확인하는 운동이다. 그래서 우리는 변증법을 또다른 이름으로, 표현 현상이라고 부르는데, 표현 현상은 합리성의 신비에 의해 다시 회복되고, 새롭게 시작된다. 우리가 만일 예술과 언어의 예에 입각해서 역사의 개념을 만드는 데 익숙해진다면, 우리는 틀림없이 진정한 의미의 역사 개념을 되찾게 될 것이다. 왜냐하면 모든 표현이 전체의 표현에 긴밀하게 연관돼 있는 것과 단 하나의 질서 속에 그런 표현들이 귀속돼 있는 것은 사실상 개별적인 것과 보편적인 것의 합류를 이루어내기 때문이다. 헤겔의 변증법이 수백 가지 방식으로 회귀하는 핵심 사안은, 대자 존재와 대타 존재 사이에서, 그리고 우리 자신에 의한 사고와 타자에 의한 사고 사이에서 양자택일을 해야만 한다는 것이 아니라, 표현의 순간에 내가 말을 거는 타인과 나 자신을 표현하고 있는 내가 한 치의 양보도 없이 서로 연결되어 있다는 것이다. 현재의(혹은 미래의) 있는 그대로의 타인들이 나의 행위에 대한 유일한 심판자는 아니다. 즉 내가 그들의 이익을 위해 나 자신을 부정하길 원한다면, 나는 또한 그들을 마치 '나'처럼 부정하게 될 것이다. 따라서 그들은 정확히 나만큼 가치가 있으며, 나는 그들에게 부여한 능력을 모두 나 자신에게도 부여하고 있다. 나는 그 스스로 내가 시도했던 것에 어울리는 타인, 궁극적으로는 나 자신이 선택한 동료의 판단을 따른다. 역사는 심판자다. 여기에서 말하는 역사는 한 순간이나 한 세기의 힘으로서의 역사가 아니라, 국가와 시대의 한계를 뛰어넘어, 우리가 상황을 고려하면서 가장 진지하고 효과적으로 이루었거나 언급했던 것이 각인되고 축적된 역사다. 내가 가시적인 세계에서 그림을 그리고 귀를 가진 사람들에게 말을 걸기도 하기 때문에 타인들은 내가 한 일을 심판할 것이다. 하지만 예술이나 정치는 그들을 즐겁게 하거나 그들에게 아첨하기 위해서 존재하는 것이 아니다. 타인들이 예술가와 정치가에게 기대하는 것은 자신들이 나중에 가서야 진가를 깨닫게 될 가치로 자신들을 인도해주는 것이다. 화가나 정치가는 타인들을 추종하기보다는 타인들을 만들어내므로, 화가나 정치가가 목표로 삼는 대중은 이미 주어져 있는 대중이 아니라, 그들의 작품이 선동할 만한 대중이다. 그들이 생각하는 타인이란, 지금 당장 그들에게 선회하는 타인들의 기대를 통해 규정되는 경험적인 '타인들'이 아니다. 또 다른 종種들이 딱딱한 등껍질과 부레를 가지고 있는 것처럼 '인간적 존엄'이라든가 '인간이라는 명예'를 가지고 있는 하나의 종으로서 이해된 인류도 아니다. 그보다는 화가나 타인이 더불어 살아갈 수 있을 만한, 타인들인 것이다. 작가가 동참하는 역사는 작가가 '역사적인 것으로 만들' 생각을 하지 않을수록, 역사 속에 문자를 남기려는 생각을 하지 않을수록, 그리고 정직하게 자신의 작품을 생산할수록 더, 작가가 무릎을 꿇어야할 어떤 힘이 아니다. 그것은 각자가 자신의 자리에서 타인을 반박하거나 긍정하고 재창조하면서, 모든 파롤과 유효한 행위들 사이에서 계속 이어가는 끊임없는 대화다. 역사의 심판에 호소하는 것은 대중의 환심에 호소하는 것이 아니며, 세속적인 심판에 호소하는 것은 더더욱 아니다. 그것은, 사물들 속에서 언급되기를 기다리고 있던 어떤 것, x에 의해 이해되지 않을 수 없을 어떤 것에 대해 말한 내적 확실성과 혼동되는 것이다. 스탕달은 자신의 작품이 제대로 이해되려면 100년 정도 기다려야 할 것이라고 생각했다. 이는 그가 자신의 작품이 읽히기를 원한다는 뜻일 뿐만 아니라, 그가 기꺼이 한 세기를 기다리겠다는 뜻이기도 하며, 또한 그의 자유가, 아직 변방에 속해 있는 어떤 세계를, 그가 창안해야 했던 것을 획득된 것으로 인식함으로써 그 자신만큼 자유로워지게 만든다는 뜻이기도 하다. 역사에의 이런 순수한 호소는 진리를 위한 기원이 되는데, 진리는 결코 역사적인 각인에 의해서 창조되지는 않지만 진리로서의 각인은 요구한다. 이러한 호소는 단지 문학이나 미술에만 국한되지 않고, 삶의 모든 시도들 속에 존재한다. 단지 돈을 버는 것만 또는 당연한 것만 생각하는 몇몇 불행한 사람들의 경우를 제외하면 모든 행위, 모든 사랑에는 그것들을 진리로 변화시켰을 어떤 이야기에 대한 기대가, 즉 어떤 사정이 있었는지 마침내 알게 된 이상 그러한 기대가 따르게 마련이다. 그것은 겉으로는 타인을 존경하는 듯하지만 결정적으로는 배척하는 어떤 사람의 겸손이고, 그래서 그때부터 그 사람은 그 타인에 수없이 반영되어 나타난다. 혹은 반대로, 그 순간부터 만사가 끝나버려서 그 사랑은 불가능하게 될지도 모른다. 아마 이러한 기대는 어떤 경우에든 항상 실망스러울 것이다. 우리의 의지나 사유의 모든 움직임이 타인들 속에서 비약하고, 이 점에서 대충이라도 그런 것들이 개개인 각자에게서 유래한다고 생각하는 것이 불가능할 정도로 인간의 인간에 대한 부채는 한결같은 것이다. 그러나 총체적으로 표명하고 싶은 소망이 문학에 생기를 불어넣듯, 삶도 항상 활기차게 만들어주는 것이 사실이다. 또한 사소한 동기를 뛰어넘어, 작가들로 하여금 자신의 작품이 읽히기를 바라게 하는 것도, 또 때로는 사람들로 하여금 작가가 되어 말하게 하는 것도, 모두로 하여금 X 앞에서 자신에 대해 설명하고 싶게 하는 것도, 모두 바로 그러한 소망임에 틀림없다. 이러한 사실이, 자신의 삶과 다른 사람의 삶을 마치 역사처럼 단어의 의미를 통해 이야기할 수 있는 어떤 것이라고 생각하게 만드는 것이다. 따라서 진정한 역사는 우리의 모든 것으로부터 생명을 얻는 역사다. 역사가 자신의 모든 흔적을 현재에 회복시켜놓을 힘을 얻는 것도 바로 우리의 현재 속에서다. 내가 존중하는 타인은, 내가 그에게서 삶을 얻듯이, 내게서 삶을 얻는다. 역사철학은 나에게서 어떠한 권리도, 어떠한 주도권도 빼앗아가지 못한다. 단지, 내 상황과는 다른 상황을 이해함으로써 내 인생과 타인의 인생 사이에 통로를 만드는, 즉 나 자신을 표현하는 외로운 의무만을 나에게 부과할 뿐이다. 문화라는 행위를 통해서 나는 나의 삶이 아닌 삶들 속에 정착하고, 그 삶들과 대면해 서로를 소개시키며, 그 삶들을 진리라는 하나의 질서 속에서 공존할 수 있게 만들고, 그 모든 삶들에 대해 책임 있는 상황에 처해서, 어떤 보편적 삶을 탄생시킨다. 이것은 내 몸의 생생하고 묵직한 현전을 통해 내가 단숨에 공간 속에 정착하는 것과 같다. 나에게는 몸의 작용과 마찬가지로 단어나 회화의 작용도 애매한 채로 남아 있다. 말하자면 나를 표현해주는 단어, 선, 색들도 내 제스처처럼 나에게서 나온 것이다. 나의 제스처가 내가 하고자 하는 것에서 나온 것처럼 그것들도 내가 말하고 싶어 하는 것에서 유래한 것이다. 이런 점에서 모든 표현 속에는, 어떠한 강제적인 명령도, 심지어 내가 나 자신에게 내리고 싶어 하는 명령도 허용되지 않는 자발성이 존재한다. 산문 예술에서조차, 단어들은 이미 확정된 정의를 넘어서는 어떤 지시하는 힘에 의해서, 또 단어들이 우리 안에서 이끌어주었고 계속 이끌어주고 있는 희미한 삶에 의해서, 그리고 퐁주Francis Ponge가 정확하게 지적한 단어들의 '의미의 두께'와 사르트르가 말한 '의미를 만들어내는 토양'에 의해서 화자와 청자를 어떤 새로운 의미 작용으로 몰고 가면서, 하나의 공통된 세계로 화자와 청자를 옮겨놓는다. 우리를 결합시켜주는 언어의 이러한 자발성은 강제적인 명령이 아니며, 자발성이 이루어놓는 역사는 이 세상의 바깥쪽에 존재하는 우상이 아니다. 즉 역사는 우리의 뿌리와 추진력, 그리고 이른바 우리 노동의 결실과 함께 존재하는 바로 우리 자신인 것이다.

지각, 역사, 표현이라는 세 가지 문제를 종합해서 볼 때에만 우리는 비로소 말로의 분석을 올바르게 정정할 수 있을 것이다. 이와 더불어 회화를 언어로 취급하는 것이 왜 합당한지도 알 수 있을 것이다. 문제를 이런 방식으로 풀어나가는 것은, 가시적인 모습에 얽혀 있기는 하지만, 이전에 이루어진 표현들을 갱신하는 것을 영원히 수용할 수 있는 어떤 지각적 의미를 강조한다. 이러한 비교는 회화뿐만 아니라 언어를 분석하는 데도 도움이 된다. 왜냐하면 그 비교는 아마도 발언된 언어 밑에서 작용적 혹은 발언적 언어——비록 단어들의 표현이 단 한 번에 완성되기 때문에 그 단어들 간의 관계가 우리에게 분명히 보이긴 하지만, 단어들이 잘 알려지지 않은 삶을 살고 있어서, 단어들이 자신들의 측면적 혹은 간접적 의미 작용이 요구하는 대로 서로 합치거나 분리되는 그런 언어——를 탐지하게 해줄 것이기 때문이다. 발언된 언어의 투명성, 단지 소리에 불과한 단어와 의미에 불과한 의미의 정직한 명료성, 그리고 필경 기호로부터 의미를 추출해 그 의미를 순수한 상태(아마도 몇 가지 다른 공식들, 즉 그 안에서는 의미가 진정으로 같은 의미로 남아 있을 그런 몇 가지 다른 공식들에 대한 단순한 예상이다)로 격리시키는 언어의 속성, 그리고 표현의 모든 생성을 요약해서 단 하나의 행위 속에 가두려 하는 언어의 힘, 이런 것들은 모두 회화에서와 똑같은 방식의 축적, 즉 무언의 은밀한 축적의 극치가 아닐까?

소설도 회화와 마찬가지로 무언의 표현 활동이다. 우리는 회화의 주제와 마찬가지로 소설의 주제에 대해서도 언급할 수 있다. 여기에서 생각해보아야 할 것은 레날 부인이 배신했음을 안 쥘리앙 소렐이 베리에르로 가서 그녀를 죽이려고 시도한 그 사건 자체가 아니라, 그 소식을 들은 이후의 저 침묵과 그 꿈같은 여행, 경솔한 확신, 영원한 결의 등이다. 그런데 이와 같은 사실들은 책 어디에도 언급되어 있지 않다. '쥘리앙이 생각했다.', '쥘리앙은 원했다.' 같은 표현은 필요 없다. 이것들을 표현하기 위해서라면 스탕달은 쥘리앙 속으로 미끄러져 들어가, 여행할 때와 같은 속도로 우리 눈앞에 대상과 장애물, 수단, 우연한 사건 등을 펼쳐놓기만 하면 되고, 다섯 페이지로 이야기하는 대신 단 한 페이지로 말하기로 결정하기만 하면 된다. 게다가 이러한 간결함, 즉 말해진 것과 생략된 것 사이의 예사롭지 않은 비례는 어떤 선택의 결과가 아니다. 스탕달은 타인을 향한 자신의 고유한 감성을 의식하는 가운데, 갑자기 쥘리앙에게서 자신의 몸보다 훨씬 유연한 상상의 몸을 발견했다. 그리고 그는 마치 다시 태어난 것처럼 가시적인 것과 비가시적인 것, 그리고 말해야 할 것과 침묵해야 할 것을 선택하는 건조한 열정의 운율에 따라서 베리에르로 여행을 떠났다. 따라서 살인의 의지는 단어들 어디에도 나타나지 않는다. 말하자면 영화에서 연속으로 이어지는 부동의 이미지들 사이에 움직임이 존재하는 것처럼, 살인의 의지는 단어들 사이, 즉 단어들이 한정하고 있는 공간과 시간, 의미 작용의 틈 사이에 존재하고 있는 것이다. 소설가는 독자와, 모든 사람은 각기 다른 사람과, 봄Vision을 전수받은 자의 언어를 통해 관계를 맺는다. 여기에서 봄을 전수받은 자란, 인간의 몸과 삶이 녹아 있는 가능한 것들의 세계를, 우주를 전수받은 사람을 말한다. 소설가는 자신이 말해야만 하는 것이 이미 알려져 있다고 전제하고, 등장인물의 행위 속으로 들어가서, 성격만을, 주위 사람들 속에서 힘차고 단호한 흔적만을 독자들에게 보여준다. 만일 저자가 작가라서 행위를 지시하는 모음 생략les élisions과 각운 중단les césures을 발견할 수 있다면, 독자는 저자의 부름에 응답해, 씌어진 것의 잠재적인 중심에서 그와 다시 만나게 된다. 비록 서로 모르고 있다고 해도 말이다. 사건의 보고서로서의, 또는 이념, 명제, 결론의 언표énoncé로서의, 그리고 분명하고 산문적인 의미 작용으로서의 소설과, 스타일의 조작으로서의, 또는 간접적이고 잠재적인 의미 작용으로서의 소설은 단지 동음이의의 관계일 따름이다. 마르크스가 발자크Honoré de Balzac[64]를 선택했을 때이미 그는 이러한 사실을 이해하고 있었다. 이 경우 우리는 그가 자유주의로 복귀하려던 것이 아님을 확신할 수 있다. 마르크스가 말하고자 한 것은, 자본 세계와 현대 사회의 갈등을 가시화하는 방식이 발자크의 명제나 심지어 정치적인 것보다 훨씬 중요하다는 것과, 일단 용인된 이러한 견해는 발자크의 동의가 있든 없든 그에 상응하는 결과를 초래하리라는 것이다.

형식주의를 비난하는 것이 옳은 일이기는 하지만, 우리는 종종 형식주의의 과오가 형식을 너무 과대평가하는 데 있는 것이 아니라, 오히려 형식을 너무 과소평가해 의미와 분리시키는 데 있다는 사실을 망각하곤 한다. 이런 점에서 형식주의는, 작품의 구성에서 의미를 분리시켜놓는 '주제sujet 문학'과 다를 바 없다. 그러므로 진정으로 형식주의와 반대되는 것은, 스타일과 파롤을 '기교'나 '도구'보다 고차원적인 것으로 취급하는 이론이다. 어떤 제스처가 때때로 한 사람의 모든 진실을 잉태하고 있는 것처럼, 파롤도 외적인 목적을 위한 수단이 아니라, 자체 내에 용법에 대한 규칙과 윤리, 세계관 등을 담고 있는 도구다. 주제 문학뿐만 아니라 형식주의도 똑같이 간과하고 있는 이 같은 언어의 생생한 사용은, 탐구와 획득으로서의 문학 그 자체다. 결국 언어가 중요한 사물 자체를 재현하려고만 한다면, 사실상의 언표를 통해 무엇인가 가르치는 데 자신의 힘을 다 고갈시키게 될 것이다. 이와는 반대로 사물에 우리의 관점을 부여해서 사물들에 입체감을 만들어놓는 언어는, 그 언어 자체로 끝나지 않는 토론의 장을 열고 스스로 탐구를 야기한다. 예술 작품 속에서 대체될 수 없는 것, 즉 예술 작품을 쾌의 수단 이상으로 만드는 것은, 그것이 생산적이라는 전제 하에 모든 철학적 또는 정치적 사유 속에서 유사물이 발견되는 정신적 장치다. 그것은 일반적인 관념보다 더 훌륭한, 관념의 원형을 포함하고 있고, 우리가 계속해서 의미를 전개해나갈 수 있도록 표징을 제공한다. 즉 예술 작품은 우리가 열고 들어갈 수 있는 열쇠를 가지고 있지 않은 세계 속에 자리를 잡고서 우리를 그 세계에 정착시켜주기 때문에, 우리에게 보는 방법을 가르쳐주고, 궁극적으로는 어떠한 분석적인 작업도 그런 일을 할 수 없다는 것을 우리로 하여금 생각하게 한다. 왜냐하면 분석이라는 것은 대상 속에서 우리가 놔둔 것만을 발견하기 때문이다. 문학적 소통 속에 모험적인 요소가 있다는 사실과, 위대한 모든 작품들 속에 애매모호한 것과 명제로 환원될 수 없는 것이 있다는 사실은, 우리가 극복하고 싶어 하는 일시적인 약점이 아니다. 그것은 우리가 우리의 관점으로 스스로를 확인하는 대신에 우리를 낯선 관점으로 이끌어주는 정복적인 언어, 즉 문학을 소유하기 위해서 치러야 하는 대가다. 만일 우리의 눈이 공간과 무한한 수의 색채로 구성된 윤곽을 포착해서 질문하고 형상화하는 방법을 모른다면, 우리는 아무것도 보지 못할 것이다. 또한 우리가 우리를 목표 지점으로 이동시키는 데 있어서 신경과 근육의 운동 수단을 능가하는 몸을 가지지 못했다면, 우리는 아무것도 할 수 없을 것이다. 문학 언어가 수행하고 있는 것이 바로 이런 종류의 일이다. 마찬가지로 작가도 이와 같이 절대적이고 간결한 방법으로, 어떠한 변화나 준비 없이 우리를 이미 언급된 세계에서 또 다른 세계로 옮겨놓는다. 그리고 우리가 몸을 움직이기 위해 분석하는 짓을 그만둘 때 비로소 몸이 우리를 사물들 가운데로 인도하는 것처럼, 우리는 언어가 진행되는 방향으로 따라가기 위해 매 순간 그 정당성을 묻는 것을 중단하고, 책에 나오는 단어와 모든 표현 수단들을 특이한 배열로 인해 생긴 의미 작용이라는 후광으로 둘러싸이도록 하고 글 전체를 회화의 말없는 광휘와 재결합하는 지점인 이차적인 가치를 향해 선회하도록 할 때 비로소 언어는 문학적이 된다. 다시 말해 생산적이 된다. 소설의 의미 역시 처음에는 가시적인 것에 부과된 일관된 변형으로만 지각될 수 있다. 소설의 의미라고 해서 언어와 별반 다를 게 없다. 한편 비평은 한 소설가의 표현 방식과 다른 소설가의 표현 방식을 잘 대조해서 그들 사이에 나타나는 서술 유형을 가능한 다른 유형의 계보 안에 편입시킬 수 있을 것이다. 그러나 그러기 위해서는 먼저 '기교'의 특수성과, 소설 전부와 의미를 계획하는 특수성이 혼재되어 있는 소설에 대해 지각하고, 우리가 지각한 것을 우리 자신에게도 설명하도록 예정되어 있어야 한다. 인상착의가 얼굴의 몇 가지 특징을 명확하게 해줄지언정 얼굴을 상상하게 해주지는 못하는 것처럼, 비평 대상을 소유하기를 바라는 비평가의 언어는, 진실을 보여주고 그 진실을 투명하게 만들면서도 실제로 진실에 대해 언급하지 않는 소설가의 언어를 대신할 수 없다. 진실은 처음부터 항상 반드시, 세계에 대한 이미지의 중심을 흔들어 확장시킴으로써 보다 풍부한 의미를 향해 나가도록 부추기는 움직임 속에서 나타난다. 어떤 형상에 도입된 보조 선線이 새로운 관계에 이르는 길을 열어주고, 예술 작품은 그것이 존재하는 한 항상 우리에 대해 거듭해서 작용하는 것도 모두 이 때문이다.

그런데 이와 같은 지적들은 질문에 대한 속 시원한 답변이 되기에는 부족하다. 아직도 언어의 정확한 형식과 철학에 대한 문제가 남아 있다. 발언된 것을 진정으로 획득하고 문학이 우리의 체험에 제공하는 파악하기 힘든 고지를 되찾고 싶은 욕심 때문에 우리가 언어의 본질을 문학이 했던 것 이상으로는 표현하지 못하고 있는 것은 아닌지 의심스럽다. 이러한 문제는 여기에서는 찾아볼 수 없는 논리적인 분석을 요구할지도 모른다. 우리는 그 문제를 완전하게 다루지는 않더라도 최소한 그것을 상정해서, 어떤 언어도 무언의 표현 형식들의 불확실성에서 완전히 자유로울 수 없고, 자신의 고유한 우연성을 소멸시키지 못하며, 사물 자체가 나타나도록 하는 데 자신을 소진시키지 않는다는 사실을 밝혀낼 수 있다. 이러한 의미에서 회화나 삶에 대한 언어의 특권은 상대적이며, 결국 표현이란 정신이 검토하기를 제안할 수 있는 신기한 일들 가운데 하나가 아니라, 행위 중인 정신의 실존 그 자체라는 사실을 확인할 수 있다.

확실히 글쓰기를 결심한 사람은 과거에 대해 자신만의 태도를 취하게 된다. 모든 문화는 이처럼 과거를 이어가는 것이다. 이를테면 오늘날 부모들은 자녀들의 어린 시절에서 자신의 어린 시절을 보게 되며, 자기 부모가 취했던 행동을 자기 자식들에게 한다. 또는 반감 때문에 그와는 극단적으로 반대되는 태도를 취하기도 한다. 자신이 권위주의적인 교육을 받았다면 반대로 자유로운 교육을 실행하는 것이다. 이러한 우회를 통해 전통으로 되돌아가는 경우도 있다. 왜냐하면 자유의 만끽이 자녀를 안전한 체계로 돌려보내 25년 후에 그 자녀를 다시 권위주의적인 아버지로 만들어놓을 것이기 때문이다. 표현하는 예술이 지니는 새로움은, 침묵하는 문화를 죽음과도 같은 순환에서 빠져나오게 한다. 예술가는 숭배나 반항에 의해 과거를 그대로 답습하는 것에 만족하지 않고, 완전히 새로운 시도를 재개하려고 한다. 화가가 붓을 든다는 것은, 어떤 점에서 회화가 아직도 해야 할 일이 있다는 것을 의미한다. 언어 예술은 진정한 창작을 향해 훨씬 더 멀리 나아가고 있다. 정확히 말해서 회화는 언제나 제작 중에 있기 때문에, 신예 화가가 창작하는 작품은 이전에 제작된 작품에 추가되는 형태가 될 것이다. 그렇다고 새로운 작품이 기존의 작품들을 무용지물로 만들거나 명확하게 내포하는 것이 아니고, 그것들과 경쟁하는 것이다. 현대 회화는 과거로부터 진정으로 자유로워지기 위해 지나칠 만큼 단호하게 과거를 부정하고 있으나, 과거의 회화와 완전히 단절되고 싶으면 그것을 잘 이용해야 한다. 새로운 것을 얻기 위해서는 이전 작품을 실패한 시도로 보이게 하는 미래의 다른 회화를 예측하는 대가를 치러야 하지만, 이 미래의 회화 역시 후일에는 자신을 실패한 시도로 보이게 할 것이다. 전체적으로 회화는 틀림없이 무엇인가를 말하려고 하지만, 늘 불완전한 노력으로 나타날 뿐이다. 글 쓰는 사람이 기존의 랑그를 계승해서 사용하는 데 만족하는 것은 아니지만, 그림같이 자족적이면서 친숙한 의미 작용에 갇혀 있는 관용어로 기존의 랑그를 대체하고 싶어 하는 것은 더더욱 아니다. 그는 원한다면 일상 언어를 파괴할 수 있지만 그것은 일상 언어를 실현할 때에만 가능한 일이다. 기존의 랑그는 작가의 몸 구석구석까지 파고 들어가 그의 가장 은밀한 사유에 대한 전반적인 형상을 묘사한다. 하지만 그 랑그는 그의 면전에서 적으로서 존재하는 것이 아니라, 작가가 새롭게 의미를 부여하고자 하는 모든 것을 하나의 획득물로 전환시킬 준비가 돼 있다. 마치 랑그는 작가를 위해 만들어지고, 작가는 그러한 랑그를 위해 존재하는 것 같다. 또 작가가 랑그를 배우면서 열심히 했던 발화 임무는 그의 심장 박동 소리보다 훨씬 더 그다운 것 같으며, 제도화된 랑그가 작가와 더불어 작가의 가능한 세계들 가운데 하나를 불러내어 실존하게 하는 것 같다. 회화는 과거의 소원을 완수해서 과거로부터 대리권을 위임받아 과거의 이름으로 행동하지만, 분명한 상태로서가 아니라 우리에 대한 기억으로서 과거를 내포하고 있다. 게다가 우리가 회화의 역사에 대해 알고 있다 해도, 그 역사는 대자적 기억이 아니며, 회화를 가능하게 만든 것을 종합하기를 주장하지 않는다. 과거를 뛰어넘어 전진하는 데 만족하지 않는 파롤은, 실체 속에서 과거를 개괄하고 되찾고 요약할 것을 주장한다. 파롤은 과거를 원문 그대로 되풀이하지 않고는 우리에게 현전하는 과거를 제공할 수 없기 때문에, 과거로 하여금 언어의 고유한 성질인 준비 과정을 겪도록 함으로써 결국 우리에게 과거에 대한 진리를 제공해준다. 그렇지만 파롤은 세계 속에 자리를 만들어놓고 거기에 과거를 밀어 넣는 것에 만족하지 않고, 그것의 정신이나 의미 안에서 과거를 간직하고 싶어 한다. 결국 파롤은 자신에게로 몸을 틀어 자신의 자리로 되돌아가 평정을 찾는다. 이처럼 회화는 사물을 그림으로 변형시켜놓는 반면, 존재하는 그대로의 사물을 복원해놓기를 바라는 언어의 비평적·철학적·보편적 사용도 있다. 언어 자체와 함께, 다른 학설들을 만들어내는 언어의 사용, 이 두 가지를 모두 복원해놓으려는 것이다. 철학자는 진리를 지향하는 순간부터 그것이 진실이 되기 위해서 자신을 기다렸다고는 생각하지 않는다. 그는 항상 그랬듯이 모든 사람에게 인정받는 진리를 지향한다. 진리는 본질적으로 완전해야 하는데도 불구하고, 어떠한 회화도 지금까지 그다지 완전하기를 바란 적이 없다. 회화의 정신은 단지 박물관에서만 나타나는데, 회화는 자신을 벗어나야 비로소 정신이 되기 때문이다. 이에 반해 파롤은 자신을 소유하고 자신이 고안한 것들의 비밀을 정복하길 원한다. 하지만 인간이 그림은 그리지 않고 파롤에 대해서만 말을 하며, 언어의 정신은 자기 외에는 어떤 것에도 의지하고 싶어 하지 않는다. 회화는 자신의 매력을 단번에 꿈같은 영원성 속에 정착시키기 때문에, 오랜 세월이 흐른 뒤, 비록 우리가 의상이나 가구, 집기, 문명 등의 역사를 잘 알지 못해도 아무 어려움 없이 그것과 재회할 수 있다. 반면에 글은, 우리가 그것에 대해 어느 정도 지식을 가지고 있어야 하는 정확한 역사를 통해서만 가장 지속적으로 의미를 전달해준다. 《시골 친구에게 보내는 편지*Les Provinciales*》는 17세기의 신학 논쟁을, 《적과 흑*Le Rouge et le noir*》은 왕정 복고 시대의 암울한 상황을 현재로 되돌려놓았다. 그러나 회화는 글보다 훨씬 더 많은 시간의 흐름을 견뎌내면서, 지속적인 것에 대한 이와 같은 즉각적인 접근으로 기묘하게 보상하고 있다. 그림을 감상할 때에는 시대착오적인 것에서 맛볼 수 있는 즐거움이 우리의 사색과 뒤섞이는 반면, 스탕달과 파스칼Blaise Pascal[65]은 온전하게 현전하고 있다. 문학이 미술의 위선적인 영원성을 거부하고, 과감하게 시간과 맞서고, 시간을 어렴풋이 환기시키는 대신 적극적으로 드러내 보임에 따라서, 문학은 의기양양하게 앞으로 나아가 그 시간에 의미 작용을 부여한다. 예컨대 그리스에 대해 관심을 갖게 해주는 올림피아의 조각상들은 표백되고 파괴되고 작품 전체로부터 떨어져 나온 채 우리에게 이르게 된 상태에서 더욱 그리스의 기만적인 신화를 강하게 지속시켜주지만, 불완전하고 찢어져서 거의 읽을 수 없는 필사본처럼, 그 조각상들도 시간의 영향을 받지 않을 수 없다. 헤라클레이토스의 글은 우리에게 어떤 조각상의 한 부분으로는 결코 밝혀낼 수 없는 빛을 던져준다. 왜냐하면 글 속에서는 의미 작용이 조각상 속에서와는 다른 방식으로 존재하고, 다른 방식으로 집결되며, 어떤 것도 그 파롤의 유연성에 비견될 수 없기 때문이다. 요컨대 언어는 말하는 것이고, 회화의 목소리는 침묵의 목소리인 것이다.

이는 언표가 사물 자체의 비밀을 벗기기를 원하고 있고, 자신이 의미하는 것을 위해 스스로를 넘어설 수 있기 때문이다. 소쉬르가 설명했듯이, 각 파롤이 여타의 모든 파롤들로부터 의미를 끌어내도, 파롤이 시작되는 순간에 표현하는 일은 더 이상 미루어질 수 없고 다른 파롤들로 되돌려질 수 없다. 이렇게 파롤이 완료되고 나서야 비로소 우리는 무엇인가를 이해하게 된다. 소쉬르라면 모든 표현 행위는 표현의 보편적인 체계의 변조일 뿐이고, 다른 언어적 제스처와 분리되는 경우에 한해서만 의미를 가지게 된다는 의견을 제시할지도 모른다. 놀라운 것은 소쉬르 이전에 우리는 이러한 사실에 대해서 전혀 모르고 있었고, 소쉬르의 사상에 대해서 말할 때도 매 순간 여전히 그런 사실을 망각한다는 것이다. 전체 랑그에 공통된 행위로서의 개개의 부분적인 표현 행위는, 각 랑그 속에 축적되어 있는 표현적인 힘을 소비하는 데 그치지 않고, 발언하는 주체가 기호를 넘어 의미를 향해 가는 데 필요한 힘을 이미 소여되어 받아들여진 의미의 명백성을 통해 보여줌으로써 힘과 랑그를 모두 재창조한다. 기호들은 우리에게 단순히 다른 기호들을 환기시키지 않는다. 아무 목적 없이 그렇게 하는 것은 더더욱 아니며, 언어는 우리가 갇혀 있는 감옥도, 맹목적으로 따라가야 하는 안내자 같은 것도 아니다. 왜냐하면 언어는 모든 언어적 제스처의 교차점에서 마침내 의미를 가지게 되고, 너무나 완벽해서 더 이상 참조할 필요도 없을 것처럼 보이는 어떤 접근을 우리에게 가져다주기 때문이다. 따라서 언어를 제스처나 회화 같은 무언의 표현 형식과 비교할 때는, 언어가 만화경 속에서처럼 새로운 움직이는 풍경을 만들어내는 데 매달리는 동물적인 '지능'처럼 방향과 벡터, '일관된 변형', 어떤 침묵의 의미를 그려내는 데 만족하지 않는다는 사실을 명심해야 한다. 다시 말해 언어란 단지 하나의 의미를 다른 의미로 대체하는 것이 아니라, 등가적인 의미를 치환하는 것이다. 새로운 구조는 이미 과거의 구조 속에 현존했던 것이며, 과거의 구조가 현재의 구조 속에 여전히 생존하고 있기 때문에 과거를 지금 이해할 수 있는 것이다.

따라서 언어가 총체적인 축적이라는 추정은 의심의 여지가 없고, 현재의 파롤은 철학자에게, 잠정적이기는 하지만 결코 가볍게 여길 수 없는, 일시적인 자아 소유의 문제를 제기한다. 어쨌든 언어가 시간과 상황 속에 존재하기를 중단할 때 비로소 사물 자체를 전달할 수 있다는 것만은 부인할 수 없는 사실이다. 헤겔은 자신의 체계가 다른 모든 체계의 진리까지 포함한다고 생각한 유일한 사람이지만, 그가 종합해 준 것만으로 다른 체계들을 알았던 사람은 이러한 사실을 전혀 몰랐을 것이다. 비록 헤겔이 처음부터 끝까지 옳다고 해도, '헤겔 이전의 철학자들'에 대해 읽을 필요가 없다고 말할 수 있는 근거가 되지는 못한다. 왜냐하면 헤겔은 '그들이 긍정하는 것 내에서'만 그들을 포함할 수 있기 때문이다. 그들은 자신들이 부정하는 것을 통해 독자들에게 사유의 또 다른 상황을 제시한다. 헤겔에게는 뚜렷하게 존재하지 않았거나 전혀 없었던, 그리고 헤겔 자신도 몰랐을 어떤 것을 어느 날 갑자기 가시적인 것으로 드러내주는 것이다. 헤겔은 또 자신이 대타적 존재를 지니고 있지 않다고 생각하고, 타인들의 눈에도 자신이 알고 있는 자신의 모습이 그대로 비치고 있다고 생각한 유일한 사람이다. 설령 헤겔 이전의 철학자들에서 헤겔에 이르기까지 진보의 움직임이 있었다는 것을 인정한다고 하더라도 그런 흐름 속에 데카르트René Descartes의《성찰Méditations》이나 플라톤의《대화편》도 있을 수 있었다. 이러한 흐름이 헤겔의 '진리'와 구별되는 것은 바로 '순진함' 때문이다. 여기에서 '순진함'이란 사물들과의 접촉, 즉 의미 작용의 섬광을 뜻하는데, 이것들은 플라톤이나 데카르트에게서 발견된다는 조건 하에서만 헤겔에게서도 발견될 수 있으며, 헤겔을 이해하기 위해서는 언제나 되돌아가야만 하는 주제이기도 하다. 헤겔은 하나의 박물관이다. 원한다면 철학의 집대성이라고 해도 좋은데, 이는 그의 철학이 모든 철학이 지닌 유한성과 영향력을 박탈해서 방부 처리해놓은 철학이라는 뜻이다. 헤겔은 모든 철학이 그 자체로 변형된 것이라고 믿지만, 실제로는 헤겔 자신으로 인해 변형된 철학이다. 우리는, 그가 말하는 종합이라는 것이 사실상 전개된 모든 사상을 포함하고 있지도 않고, 사상들이 전부 과거에 존재했던 그대로도 아니며, 결국 결코 즉자적이지도, 대자적이지도 않다는 데 동의해야 한다. 즉 동일한 운동으로 존재하고 인식하며, 인식하는 대로 존재하고, 존재하는 것을 인식하며, 보존하고 억압하며, 실현하고 파괴한다는 것을 인정해야 한다. 그러기 위해서는 하나의 진리가 다른 진리들에 통합될 때 어떻게 진리가 쇠퇴하는지 알아보는 것으로 충분하다. 예를 들어 데카르트에서 데카르트주의자들로 넘어가면서 어떻게 코기토가 건성으로 되풀이되는 하나의 관례로 굳어졌는지 알아보면 된다. 만일 헤겔이 말한 것이, 과거가 멀어져감에 따라 과거가 의미로 변해서 우리가 뒤늦게 지적인 사상의 역사를 회고할 수 있다는 내용이라면 그가 옳았다고 볼 수 있다. 다만 이러한 종합 속에서, 각각의 용어가, 고찰된 시점에서 세계 전체가 되고, 철학들의 연계가 개방된 의미 작용처럼 각자의 자리를 지키도록 함으로써 의미 작용들 간의 예상과 변형의 교환을 존속시킨다는 조건이 붙는다. 철학의 의미는 발생의 의미이므로 시간을 벗어나서 종합될 수 없는데, 이 때문에 여전히 표현이라고 하는 것이다. 그래서 철학 밖에 있는 작가는 언어를 초월함으로써가 아니라 그것을 사용함으로써 사물 자체를 포착했다는 느낌을 가지게 된다. 말라르메 자신도, 만일 남김없이 모든 것을 다 말해보겠다는 자신의 맹세에 절대적으로 충실했다면 자신의 펜에서는 아무것도 나오지 않았을 것이라는 사실과, 자신이 다른 모든 것을 무효화시키는 걸작을 포기함으로써 몇 권의 시답지 않은 책들을 쓸 수 있었다는 사실을 잘 알고 있을 것이다. 어떤 기호도, 사물 자체도 없이 존재하는 의미 작용은 최상의 명료성을 보여주는데, 이는 곧 명료성이 일절 없는 것이나 다름없다. 우리가 무엇인가를 획득할 수 있는 것은, 황금 시대와 같은 언어의 발단에서가 아니라 그 언어가 기울인 노력의 도착점에서다. 언어와 진리의 체계가, 우리에게 우리의 작용들을 하나씩 떼어놓고 다시 손질할 것을 제안하면서, 우리 삶의 무게 중심을 옮겨놓는다면, 그 결과 하나하나의 작용은 전체로 옮겨 가고 그 전체는 우리가 처음에 작용들 하나하나에 부여했던 공식과는 무관한 것처럼 보인다. 만약 여기에서 언어와 진리의 체계가 다른 표현 작용들을 '침묵적'이고 종속적인 것으로 바꾸었다면 그것은 그것들에 침묵이 부족해서가 아니며, 의미는 단어들에 의해 지시된다기보다 오히려 그러한 단어들의 구조에 함축되어 있는 것이다.

따라서 우리는 보부아르Simone de Beauvoir[66]가 몸을 정신과 연관시켜 언급하면서 몸은 일차적이지도, 이차적이지도 않다고 말한 것과 같은 맥락에서 언어를 이해해야 한다. 어느 누구도 몸을 단순한 도구나 수단으로 만들지 못하는데, 어느 누구도 우리가 어떤 원리에 따라 사랑할 수 있다고 주장해본 적이 없다는 것을 일례로 들 수 있다. 게다가 사랑은 몸으로만 하는 것도 아니다. 몸은 모든 것을 일례로 만들거나 아무 것도 만들지 못하며, 우리 자신인 동시에 우리 자신이 아니라고 말할 수 있다. 그것은 목적도 수단도 아니며, 언제나 자신이 극복할 수 없는 사건들과 얽혀 있고, 늘 자신의 자율성을 열망한다. 또 그것은 협의된 것에 불과한 모든 목적에 반대할 정도로 충분히 강력하나, 마침내 우리가 그것과 상의를 하려고 하면 그 어떤 것도 제시해주지 못한다. 우리는 이따금 자아를 강하게 느끼게 되는데, 이때 몸은 자신에게 생기를 불어넣고, 전적으로 몸이 아닌 삶에 대해서도 책임을 지게 된다. 이 경우 몸은 행복하고 자발적이 되며, 몸을 지닌 우리가 된다. 이와 마찬가지로 언어는 의미에 봉사하지는 않지만 그렇다고 의미를 지배하는 것도 아니다. 이 둘 사이에는 종속 관계가 존재하지 않는다. 여기에서는 어느 누구도 명령하지 않으며, 어느 누구도 복종하지 않는다. 우리가 말하고자 하는 것은 모든 파롤을 벗어나 순수한 의미 작용으로서 우리

앞에 서지도 못한다. 그것은 이미 말해진 것을 기반으로 살아가는, 삶의 과잉에 지나지 않는다. 우리는 표현 장치와 함께 그 장치가 민감해지는 상황에 정착한 뒤 장치와 상황을 대면시킨다. 우리의 언표들은 단지 이와 같은 교환의 궁극적인 결산에 불과하다. 정치적인 사상 자체도 바로 이러한 질서에서 유래한 것이다. 그것은 우리의 모든 인식과 체험, 가치 등이 동시에 만나는 역사적인 지각의 해명이고, 우리의 명제는 지각의 도식적인 공식일 뿐이다. 모든 행위나 인식은 이런 오랜 고심을 거치지 않고, 우리의 개인적 혹은 집단적 역사 속에서 구체화되지 않은 가치들을 상정하기를 원하며, 또는 계산이나 모든 기술적인 절차를 통해 방법들을 선택하기를 원한다. 그래서 모든 행위와 인식은 해결하려던 문제에 못 미치고 만다. 개인의 삶과 표현, 인식, 역사 등은 목표와 개념을 향해서 똑바로 전진하지 않고 비스듬히 나아간다. 사람이 지나칠 정도로 집요하게 찾으려 하면 얻지 못하는 법이고, 오히려 명상적인 삶을 영위하면서 자발적인 근원을 해방시킬 수 있는 사람만이 이념과 가치를 얻을 수 있다.

메를로 퐁티의
현상학에 나타난
언어와 회화의 표현성

1. 메를로 퐁티의 생애와 저작

메를로 퐁티는 1908년에 프랑스의 로슈포르쉬르메르에서 태어났으며, 후설의 현상학, 하이데거Martin Heidegger의 존재론, 베르그손의 지각 이론, 사르트르의 실존주의 등에 영향받아 현상학을 존재론적으로 연구했다. 1930년에 고등사범학교를 졸업한 그는 2차 세계대전이 발발할 때까지 국립고등학교와 고등사범학교에서 철학을 가르쳤으며, 1945년에는 사르트르와 함께 정기 간행물 《현대Les Temps modernes》를 창간해 편집을 맡았다. 리옹 대학의 강사로 임용되어 철학, 심리학, 사회 이론들을 가르치기도 했다.

메를로 퐁티의 철학적 활동 시기는 크게 현상학에 관심을 가졌던 시기와, 후설의 현상학에서 벗어나는 시기로 나눌 수 있는데, 첫 번째 시기에는 후설의 현상학에 기반을 두고 주로 현상과 지각, 몸 같은 가시계에 관심을 쏟았다. 1930년대

말부터 메를로 퐁티는 '엄밀한 학으로서의 초월론적 철학'을 위해 보편적인 합리성의 근거를 '생활 세계'에서 찾은 후설의 현상학에 영향을 받았고, 1942년에 최초의 저술인 《행동의 구조La Structure du comportement》를 출간했다. 그는 이 책에서 형태심리학을 응용해 경험심리학을 비판하고, 인간의 몸이 다른 유기체들처럼 어떻게 환경에 맞추면서 살아가는지 탐색함으로써, 지각적 의식과 세계의 순환적 인과 관계를 현상학적 태도로 규명했다. 그러나 메를로 퐁티는, 후설이 합리성의 보편적 근거로서 제시한 생활 세계는 세계 그 자체 내에 있는 것이 아니라 초월론적인 의식에 의해 구성된 세계이므로 후설의 현상학은 아직 주관주의를 벗어나지 못했다고 지적하면서, 인식론적 주관에 의해 형성된 후설의 생활 세계를 몸의 실존적 참여로 만들어지는 생활 세계로 새롭게 정의했다. 그는, 생활 세계가 이처럼 인식 이전에 존재하는 지각, 즉 몸 자체의 참여에 의해 의미를 발생시키기 때문에 세계와의 관계는 지각에서 발생한다고 보았다. 이와 같은 맥락에서, 1945년 발표된 《지각의 현상학》은 지각 현상이 몸의 객관적인 질서로는 환원될 수 없는 표현적인 힘을 지니고 있음을 강조했다. 2년 뒤인 1947년에는 그는 〈지각의 우위와 그것의 철학적 결과들Le primat de la perception et ses conséquences philosophiques〉이라는 논문을 발표했다. (이 논문은 《프랑스의 철학 사회La Société française de philosophie》에 처음 발표되었다가 1989년에 재편집을 거쳐 다시 출판되었다.) 또한 1947년에는 공산주의에 관한 에세이인《휴머니즘과 폭력*Humanisme et terreur*》을 출간했고,《현대》편집자로 있을 때 쓴 회화, 영화, 소설, 철학 사상, 정치 등에 관한 짧은 글들을《의미와 무의미*Sens et non-sen*》라는 책으로 엮어 출간했다. 1949년에는 소르본 대학 유아심리학과의 교육학 교수로 임명되었다. 전쟁이 끝난 후 메를로 퐁티는 구체적인 실존 상황을 반성하는 청년 마르크스의 사상에 동조하면서, 사르트르와 함께 좌익 민주혁명연합(R.D.R.)에 입당해 창립 회원으로 활동하는 등 활발한 정치활동을 펼쳤다. 사르트르와 메를로 퐁티는 오랫동안 학문적 동지로서 돈독한 우정을 쌓았으나 1952년에 정치적 견해 차이 때문에 갈라섰다. 메를로 퐁티가 프롤레타리아 독재에 근거한 보편성을 강조하는 마르크스주의에 등을 돌린 반면, 사르트르는 프랑스 공산당과 같은 노선을 걸었던 것이다. 메를로 퐁티는 사르트르와의 결별을 선언한 그 해에 콜레주 드 프랑스*Collège de France*의 철학과장으로 임명되었고, 1961년 53세의 나이로 갑작스럽게 사망할 때까지 계속 학생들을 가르쳤다. 사르트르와 결별한 뒤 사르트르의 존재론과 마르크스의 철학을 비판하면서 정치 운동보다는 사회 철학에 관심을 두게 된 메를로 퐁티는 1955년에《변증법의 모험*Les Aventures de la dialectique*》을 선보였고, 1960년에는 자신의 초기 사상에 대해 문제를 제기한 글들을 묶은《기호들

Signes》을 출판했다.

1960년대에 들어서면서 하이데거의 존재론에 더욱 관심을 가지게 된 메를로 퐁티는 가시적으로 지각된 현상계에 기울여온 그때까지의 연구가 자신의 새로운 존재론을 설명하기에는 불충분하다고 판단해, 가시적 세계의 토대이자 가능성인 비가시적 세계의 존재에 대해 연구하기 시작했고, 그 결과 가시적이면서 비가시적인 차원의 구조로서의 '살'의 존재론을 펼치게 된다. 주체와 대상이라는 이분법적인 사고의 토대를 이루는 것인 동시에 주체와 대상이 분리되기 이전의 관념적이고 감각적인 것인 '살'의 존재론에 관한 그의 연구는, 그의 사후인 1964년에《보이는 것과 보이지 않는 것》이라는 책으로 출판되었다. 이 책과 1964년에 나온《눈과 정신》(1961년에 잡지《프랑스의 예술*Art de France*》에 처음 발표되었다)이라는 책에서 메를로 퐁티는 '살'이라는 새로운 존재 개념을 통해, 몸과 정신, 몸과 세계, 존재와 의미 등은 서로 분리되지 않는 가역성(可逆性, 주체와 대상으로의 전환 가능성)을 띠면서 하나로 조직된 '얽힘 관계chiasme'를 맺고 있다는 일원론적 구조를 전개했으며, 예술가, 특히 화가의 작업은 가시적인 세계에 속하지만 비가시적인 존재의 의미를 가시적인 구조로 보여준다고 규정했다.

2. 메를로 퐁티의 존재론적 현상학

(1) 메를로 퐁티의 '몸의 현상학'

메를로 퐁티는 〈간접적인 언어와 침묵의 목소리〉에서 지각, 역사, 표현이라는 세 가지 문제에 관해 고찰하면서 현대 회화에 대한 말로의 분석을 수정했다. 즉 회화가 왜 간접적인 침묵의 언어로 간주될 수 있는지, 그리고 어떻게 몸의 정서적 의미로부터 언어의 개념적 의미가 생기게 되는지 논하면서, 회화든 문학이든 모두 언어학적이고 개념적인 의미로 정의될 수 없는, 말없이 표현하는 침묵의 목소리임을 강조했다. 〈간접적인 언어와 침묵의 목소리〉에 나타난 메를로 퐁티의 사유를 올바로 이해하기 위해서는 우선 그의 철학 사상에 대한 사전 지식이 필요할 것이다.

현상학은 독일 철학자 후설에 의해 고안된 철학적 사고의 한 방법으로, 우연적인 현실 존재보다는 본질에 관심을 둔 '엄밀한 학으로서의 철학'을 지향한다. 원래 후설의 현상학은 초월론적 관념론의 성향이 강한 것이나, 이것이 하이데거의 존재론을 거쳐 프랑스로 건너와서는 사르트르의 실존주의의 영향을 받아 내재화된 존재론적 현상학으로 성격이 바뀌었다. 메를로 퐁티는 후설 현상학의 영향을 받은 프랑스 제1세대 철학자들 중 한 사람으로, 지각의 본질을 실존 속에 재정립하는 지각 이론에 입각해 현상학을 존재론적으로 연구했다. 그는 지각이야말로 인간의 모든 지식과 행위, 그리고 소통에서 가장 기본이 되는 본질이라고 믿었던 것이다.

현상학은 사변이 아닌 세계의 사태성事態性에 입각해 본질을 연구하는 학문이다. 한마디로 사물 자체의 사태성을 드러내는 것이다. 메를로 퐁티는 지각 현상이란, 지각하는 주체와 지각되는 대상이 더 이상 분리되지 않는, 몸으로부터 나오는 '야생적 지각perception sauvage'임을 밝혀내고, 이 이론에 입각해 존재론적 현상학을 발전시켰다. 주지주의는 대상에 대한 지각 현상에서 주체의 구성 활동을 중요시하고, 경험주의는 주체를 소홀히 하면서 대상에 우위를 둔다. 이에 반해 메를로 퐁티는, 지각 현상이 지각하는 몸과 대상 간의 상호 공동 작용에 의해 실현되며, 주관과 대상의 대립적 딜레마를 극복한 '몸의 지향적 특성'에서 나온다고 규정했는데, 이는 후설이 말한 '의식의 지향적 구조'보다 훨씬 독창적인 개념이라고 볼 수 있다. 후설의 현상학에서 본질을 직관하는 데 필요한 '형상적 환원'은, 세계를 투명하게 볼 수 있는 초월적 의식으로의 귀환을 의미한다. 왜냐하면 후설은 형상적 환원을 실행하는 데 있어서 몸의 체험과 정신의 경험을 구별했고, 의식이 순수하고 투명해져야 관념적인 세계와 존재를 구성할 수 있다고 생각했기 때문이다. 반면에 메를로 퐁티가 형상적 환원을 통해 찾고자 한 것은, 세상 속에 살고 있는 우리의 실존과 분리되지 않은 세계, 즉 우리 몸이 '사유하는 세계가 아니라 살고 있는 세계'의 본질이다. 다시 말해서 우리는 사유하면서 세계를 이해하는 것이 아니라 세계에서 우리 자신이 살아가는 모습을 지각하면서 세계를 이해한다는 것이다.

따라서 메를로 퐁티는 지향적 속성을 통해 완전한 환원을 수행하는 의식의 구성 능력을 비판하고, 지각하는 의식이 환원에 의해 도달하게 되는 곳은 인식 이전의 세계, 즉 "세계-로의-존재"[67]가 살고 있는 몸의 세계라고 설명한다. 그는 후설이 말한 것과는 달리, 초월적 의식은 환원을 통해서 완전한 투명성에 도달할 수 없으므로 의식은 항상 세상의 모호성 속에 놓일 수밖에 없음을 확인하고, 바로 이 점 때문에 세상의 의미는 주체에 의해 구성되는 것이 아니라 늘 새롭게 발생할 수 있는 것이라고 설명한다. 여기에서 메를로 퐁티가 말한 몸은 정신적 주체가 아닌 '세계-로의-존재'이므로, 초월자로서 세계를 조망하는 것이 아니라 세계와의 관계를 맺으면서 비로소 세계의 의미를 알게 된다. 이러한 사실은, 메를로 퐁티가 몸의 지각 행위를 통해 감각계를 존재론적으로 복귀시키려 했음을 보여준다.

ㄱ. 몸도식

메를로 퐁티에게 있어서 의식은 자신을 초월해 현상으로 귀환하는데, 이는 단순히 '사물 자체'로의 귀환이 아니라 '상황'으로의 귀환, 즉 나와 타인, 사물 등이 함께 살고 있는 '생생한 세계'로의 귀환이다. 의식이 의식 밖의 대상을 지향하는 이 같은 작용은 주체와 대상 사이에 어떤 연대성이 있음을 의미한다. 여기에서 메를로 퐁티는 이러한 연대성을 시각의 장 아래에서 펼쳐지는 세계와의 관계를 드러내는 '기능적 지향성intentionnalité opérante'('노에마'와 '노에시스'의 구조로 이루어진 지향성)과, 완전한 환원으로 의미를 산출해 의식의 의미 구성 능력을 수행하는 '작용적 지향성intentionnalité d'acte'으로 구분하고, 이 중에서 '작용적 지향성'을 좀더 원초적인 지향성으로 간주했다. 그러나 메를로 퐁티는 '세계의 중심축'은 분명 몸이기 때문에 의식의 작용도 이러한 몸의 활동을 통해서만 가능하고, 의식의 지향성은 이미 '몸의 지향성'을 전제로 한다고 설명한다.

메를로 퐁티가 말하는 우리의 '고유한 몸corps propre'은 의식의 지향성에 의해 의식화된 몸이 아니라, 의식이 몸의 지향적 특성에 입각해서 자신을 세계의 사건으로 발견되게 만들어주는 몸이다. 따라서 몸의 지향성은, 단순한 몸의 반사 행위조차 객관적이고 맹목적인 자극의 결과가 아니며, 어떤 상황에 처한 몸의 지향적인 표현으로서 주관의 실존적 의도를 내포하고 있음을 의미한다. 또 몸의 각 기관들은 즉자적으로 존재하면서 인과 법칙에 따라 정돈되는 단순한 물질 덩어리가 아니며, 순수하고 절대적인 정신의 기체幾體는 더더욱 아니다. 메를로 퐁티는 몸은 어떤 의도 하에 서로 연결되어 움직이면서 단번에 세계를 하나로 구조화하고, 세계 속에 고유한 방식으로 존재하는 특징을 가지고 있다면서, 이를 "몸도식schéma corporel"[68]이라고 정의했다. 이것은 몸을 통제·구성하는 것은 지각하는 의식이 아니라 몸의 움직임을 통해 실현되는 몸의 의식임을 의미한다. 좀더 자세히 말하면, 대상에 대한 지각은 우리 몸의 현실적·잠재적 움직임을 통해서만 가능하고, 대상의 다양한 윤곽들은 '우리 주변에서 우리의 과거와 미래, 그리고 물리적·이념적·도덕적 상황을 투영하는 지향적 활'에 의해 통일성을 획득하므로, 몸의 지향성은 시간의 두께에 따라 축적된 체험의 현전까지 포함한다는 것이다.

따라서 메를로 퐁티에게 있어서 '지향성'은 순수 의식의 특권이 아니라 몸의 존재적 특징, 즉 '몸의 지향성'이며, 세계나 대상은 우리 몸의 움직임을 통해 의미를 얻게 되고, 의식은 이러한 몸에 의해 구현되는 존재다. 이때 의식은, "나는 생각한다je pense"의 구성하는 의식이 아니라, "나는 할 수 있다je peux"[69]는 몸의 지향 능력에서 유래한 지각하는 의식을 의미한다. 여기에서 몸은 우리가 세계와 소통할 수 있도록 해주는 매개자이고, 지각은 몸을 대상 안에 머물게 하는 역할을 수행한다. 메를로 퐁티의 이 같은 몸에 대한 견해는, 몸이 주체와 세계 사이에서 선객관적인 관계를 발견하게 해준다는 것, 주체는 구성하는 주체가 아니라 지각하는 주체라는 것을 밝혀주었다. 결국 몸의 지향성은, 주체의 구성적인 능력을 비판하고 대상이 역사 속에서 변해가는 의미를 기술하는 것과 통한다.

메를로 퐁티는 몸에 의한 지각은 반성하는 사고의 근간을 이루기 때문에 인식은 지각에 의해서만 가능하다면서, 이것을 우리 '몸의 이중적 기능'이라고 강조한다. 즉 우리 몸은 궁극적으로 인식 주체도, 인식 대상도 아니라는 것이다. 예를 들어 만약 왼손으로 물건을 만지는 동안 오른손이 왼손을 만진다면, 왼손은 대상이고, 오른손은 주체라고 할 수 있는데, 여기에서 몸은 만지는 동시에 만져지는 이중적 기능을 수행하면서 일종의 '반성' 활동, 즉 인식을 개시한다. 즉 만지는 손과 만져지는 손은 서로 외적으로 존재하는 것이 아니라 동전의 앞뒷면처럼 서로의 이면에 불과하다. 따라서 메를로 퐁티는, 만지는 손이 순수한 의식을 대변하지 않는 것처럼 만져지는 손도 순수한 대상이 아니므로 우리 몸이 행하는 반성 활동은 순수한 의식에서 연유하는 것이 아니라고 해석한다. 몸이란 객관적인 대상이 아닌 느껴지는 대상이고, 순수한 주체가 아닌 체화를 통해 느끼는 대상이기 때문이라는 것이다. 메를로 퐁티는 우리 몸의 이와 같은 가역성은 인식이 순수한 의식 속에서 완성되는 것이 아님을 입증해준다고 주장한다. 그리고 세계를 인식하게 해주는 것은 코기토가 아니라 몸의 현전이며, 여기에서 몸은 순수한 대상도, 순수한 의식도 아니고 단지 감각하는 것일 뿐이라고 설명한다. 사유나 진실은 우리 몸의 지향적 움직임에 근거한 지각 행위에 입각한다는 것이다.

메를로 퐁티가 《지각의 현상학》에서 밝히고자 한 것은, 인식이나 표현을 가능하게 하는 것은 몸이라는 사실이다. 지각의 주체가 데카르트가 생각한 것처럼 코기토가 아니라 세계에 실존하는 몸이라는 것이다. 따라서 메를로 퐁티에게 있어서 코기토는 사유하는 정신이 아닌 몸 그 자체를 의미하며, 대상은 몸의 실존적 상황을 통해서 지각되는 것이지, 순수한 의식의 완전한 투명성으로써 주어지는 것이 아니다.

ㄴ. 지각

앞에서도 언급했듯이 메를로 퐁티는, 대상에 대한 지각은 몸의 움직임을 통해서만 가능하기 때문에, 지각은 몸의 움직임 가운데 생성되며, 완전하게 결정된 대상의 형태가 되지 못한다고 보았다. 결국 지각적인 종합은 공간적이고 시간적인 지평을 통해서만 이루어진다는 것이다. 따라서 메를로 퐁티는 지각의 완전한 종합은 결코 달성되지 않으므로 지각된 것은 언제나 하나의 가능성이나 개연성일 뿐이고, 어떤 대상의 윤곽은 기하학적인 원근법에 의해 형성되는 것이 아니라 시선을 장악함으로써 드러난다고 설명한다. 우리의 눈과 대상의 관계는, 눈 속에 대상을 기하학적으로 투사하는 데 따라 이루어지는 것이 아니라, 눈이 대상에 대해서 취하는 자세에 따라 이루어진다는 것이다. 다시 말해서 대상에 대한 지각은 시선의 잠재적인 움직임들을 통해서만 실현되고, 존재와 출현의 동일성은 단지 몸의 지각에 의해 체득될 뿐이다. 메를로 퐁티는 1870년부터 1890년 사이에 세잔의 그림들에 나타난 형태의 왜곡을 지각의 개연성과 연결해 기술한 〈세잔의 회의Le doute de Cézanne〉(1945)에서 이와 같은 지각의 본질에 대해 언급했다. 그는 이 시기의 세잔의 그림에 나타난 대상들의 형태는 기하학적인 투시에 의한 원근법에 의해서가 아니라, 화가 자신이 몸을 움직이면서 지각한 원근법에 따라 그려진 실제라고 보았다. 특히 세잔의 〈사과 바구니가 있는 정물〉(1890~1894)에 나타나는 비대칭적이고 왜곡된 바구니와 술병의 형태, 기울어진 테이블의 선 등은 작가의 몸의 움직임과 대상들 사이의 긴밀한 관계 속에서 탄생하는 리얼리티를 가장 극명하게 드러낸 것이라고 지적했다.

메를로 퐁티는 대상이란 우리가 그것에 시선을 고정하면 더욱 자세하게 지각되며, 이를 통해 현상으로 출현하게 된다고 보았다. 그는 또 우리의 지각은 원래 환영적일 수밖에 없다는 사실에 주목한다. 우리의 몸이 하나의 대상을 완전하게 지각하기 위해서는 모든 시공간에서 바라본 지평을 필요로 하는데, 이러한 지평은 결코 완전하게 달성될 수 없기 때문이다. 말하자면 대상에 대한 지각은, 시공간의 지평을 가능하게 해주는 몸의 현재적이고 잠재적인 움직임에 의해서만 가능하다는 것이다. 따라서 지각된 대상의 다양한 모습은 언제나 잠재적 움직임을 통해 나타나게 될 감춰진 부분까지 내포하게 마련이다. 우리가 대상에 대한 시각을 완전하게 소유하지 못하는 것도 이 때문이다. 여기에서 몸의 움직임은 단순히 공간 속에서 일어나는 객관적인 이동이 아니라, 감각적인 성질들을 진동시키는 잠재적인 운동을 의미한다.

메를로 퐁티는 "공간이란 사물들이 배열되는 환경이 아니라 사물들이 자리를 잡을 수 있게 해주는 수단이다"[70]라고 말한다. 즉 인간이 있는 공간이란 단순히 물리적 공간이나 구성적인 정신이 만들어낸 기하학적인 공간, 즉 사물들이 놓여 있는 장소가 아니라, 지향된 사물과 실존적인 인간이 친밀한 관계를 맺음으로써 생겨난 새로운 장이다. 또한 사물을 바라보는 주체의 다양한 자세에 의해 이미 구성된 공간이 아니라, 고유한 몸 자체에 의해 만들어지는 공간이다. 다시 말해서, 공간은 현상적인 몸이 원초적인 체험을 하는 '원초적인 공간성spatialité originaire'이지, 단지 사물이나 사람의 단순한 위치 이동, 또는 정신에 의해 구성된 관계를 지칭하는 것이 아니다. 앞에서도 언급했듯이, 지각하는 행위는 정신이 아닌, 시각의 검열에 의해서 실현된다. 이 때문에 메를로 퐁티는 공간에 대한 현상학적인 연구는 세계에 자리 잡고 있는 주체의 구체적이고 실존적인 상황과 불가분의 관계를 맺고 있으며, 몸과 대상, 세계 사이의 생생한 관계를 드러내준다고 믿었다. 메를로 퐁티는 이처럼 몸의 공간을 지시하는 공간을 '공간화하는 공간'으로 규정하고, 이곳이야말로 수많은 체험이 실존의 현상으로 집결되는 장소인 동시에 표현이 이루어지는 장소, 즉 회화 공간의 실체라고 정의한다.

요컨대 대상에 대한 지각은 지금 여기에서 펼쳐지게 될 잠재적인 몸의 움직임을 통해서 가능하므로, 어떤 사물을 본다는 것은 곧 몸이 사물에 대해 움직일 수 있는 모든 방향으로 어떤 포즈를 취한다는 뜻이다. 여기에서 가능한 모든 방향이란 임의적인 것이 아니라 대상을 지각하기 위한 수단을 의미한다. 이렇게 지각된 것들의 윤곽을 통일체나 의미로 모아주는 역할을 하는 것이 바로 지향성이다. 그러나 이 같은 의미나 통일체는 완전히 달성되지 못하고 늘 불완전한데, 그 이유는 시간성이 개방되어 있기 때문이다. 결국 지각은 사물 속에서 움직이는 몸의 흔적을 각인시키면서 변형하는 일이다. 따라서 지각된 것은 이미 변형을 거친 것이므로 실재에 대한 은유로 간주될 수 있다.

여기에서 메를로 퐁티는 대상의 공간적인 종합은 과거-현재-미래라는 시간적 차원과 관련돼 있다고 말한다. 현재의 시간은 방금 지나간 과거나 임박한 미래와 분리되지 않고, 과거 지향rétention과 미래 지향protention이라는 이중의 지평을 통해서 시간의 총체성을 획득한다는 것이다. 따라서 과거는 '부재로서의 현전présence comme absence'이 아니라 '부재한 것의 현전présence d'un absent'이다. 이 같은 과거에 대한 의식은 재현이라고 볼 수 없는데, 과거는 현재 의식에 과거로서 나타나기 때문이다. 메를로 퐁티는 과거 지향이 원초적인 지향성을 드러내므로 이것은 과거에 대한 재현이 아니라 과거를 현재화하는 것이라고 보았다. 과거는 스스로 현재화되면서 부재를 겪게 되어, 시간은 단 하나의 차원으로 귀속된다는 것이다. 메를로 퐁티는 이같이 하나의 차원으로 귀속되는 과거와 현재의 관계에 대해 "과거와 현재는 상호 침투하고 그 각각은 에워싸는 것인 동시에 에워싸이는 것이며, 그것 자체가 '살'이다"[71]라고 말하면서, 이런 관계를 교차적인 '얽힘 관계'를 의미하는 '교직교차chiasme(키아즘)'로 규정지었다. 마치 '살'처럼 과거·현재·미래가 서로를 에워싸고 에워싸이면 완전한 현재도 완전한 과거도 존재하지 않고, 단지 한 시점에서 다른 시점으로의 이동만이 있을 뿐이며, 여기에는 시간의 이중적인 상호 침투empiétement가 존재한다는 것이다. 요약하자면 '동시성에 대한 연속성의 침투', 혹은 '미래에 대한 과거의 침투'라고 할 수 있다. 따라서 지각이란, 현재적인 것과 비현재적인 것, 그리고 가시적인 것과 비가시적인 것 사이에서 발생하는 상호 이중적인 침투를 의미한다. 몸이 실제로 거주하는 시간과 공간의 지평들은 관점의 무한성을 내포하기 때문에 늘 비결정적이고, 시간과 공간의 종합은 언제나 새롭게 시작되며, 시간은 그 두께를 통해 익명적이고 일반적인 실존과 연계된다. 이처럼 몸의 지향성이 시공간의 이중적인 지평을 통해서 다양한 윤곽의 통일성을 형성하는 것은 사실이지만 완전한 종합은 불가능하다. 결국 시공간의 지평에 의한 종합은 지적 종합처럼 능동적이고 이상적인 종합이 아니며, 우리 몸에 의한 전이의 종합으로서 수동적이고 잠정적이다.

따라서 메를로 퐁티는 대상이나 세계에 대한 지각은 완전할 수 없고 언제나 생성 중에 있으며, 단지 세상을 향해 개방된 믿음만이 있을 뿐이고, 바로 이러한 개방성만이 지각의 진실을 증명할 수 있다고 주장한다. 이는 대상은 완전히 정의될 수 없고, 늘 충만한 상태에서만 출현할 수 있다는 것과 일맥상통하는 얘기다. 그러므로 '리얼리티'란 인식론적 실체라기보다는 실존적으로 체득된 세계라고 할 수 있다. 결국 이렇게 시간성이 주체의 사유가 객관적으로 규정할 수 있는 것 이상을 구상하지 못하도록 방해하기 때문에 사유 속에는 항상 시간성과 더불어, 개방되어 있는 의미의 모호함이 나타나는 것이다.

(2) '살'의 존재론

메를로 퐁티는 대상이나 세계에 대한 봄Vision을 순수한 정신이 '본 것에 대한 사유'가 아니라, 모든 결정이나 완전한 정의를 뛰어넘는 '몸의 시원적 행위'로 간주한다. 그리고 몸의 감각 기관들은 주체가 대상을 느끼도록 해주므로, 지각한다는 것은 곧 이미 느끼고 있음을 의미하는 것이며, 만지고 만져지는 몸의 인식처럼, 봄도 보는 몸과 보이는 몸의 존재론적 조화에서 나온다고 설명한다. 메를로 퐁티는 《지각의 현상학》에서 가시계에 기울인 연구가 새로운 존재론을 설명하기에 역부족이라는 것을 깨닫고, 《눈과 정신》과 《보이는 것과 보이지 않는 것》에서 '살'이라는 개념을 통해 '봄'에 대한 새로운 존재론을 완성시켰다. 《지각의 현상학》에서 소홀히 다루어졌던 상상력의 역할이 《보이는 것과 보이지 않는 것》에서는 중요한 위치를 차지하며, 메를로 퐁티에게 있어서 '관념적인 것'은 '상상할 수 있는 것l'imaginable'으로 존재한다고 볼 수 있다. '상상적인 것l'imaginaire'을 모두 비실재로 간주한 사르트르와 달리 메를로 퐁티는 이것을 지각하는 몸을 통해 새롭게 만들어진 '대상과 주체의 형성계milieu formateur de l'objet et du sujet'로 간주했으며, '살'이라는 개념을 통해 주체-대상이라는 전통적인 이분법적 이항 대립을 극복하고자 했다.

그에게 있어서 주체-대상과 인간-세계 관계의 토대인 '살'은 '이미 존재하는 것il y a préalable'이며, 감각하는 주체와 감각된 대상의 현전이 빚어낸 '감각물le sensible'로서 출현한다. "살(세상의 살이든, 나의 살이든)은 우연이나 혼돈이 아니라, 피륙 자체로 되돌아오는, 피륙 그 사체에 직합한 조직이다……우리가 살이라고 부르는, 내적으로 만들어진 이 덩어리는 어떤 철학에도 그 이름이 없다……실체나 육체, 정신에 입각해서 살을 생각해서는 안 되는데, 왜냐하면 살이라는 것은 대립 항들의 결합이기 때문이다."[72] 즉 살은 주체, 대상, 실존, 이념 중 그 어느 것도 아닌 동시에 양 극단을 모두 내포하는 '공유적인 것'으로, '실체entité'가 아니라 '차원dimension'을 의미한다는 것이다. 메를로 퐁티는 가시적인 것은 비가시적인 것의 현시이고 비가시적인 것은 가시적인 것을 나타내는 힘인데, 이 둘은 상호 침투하며 전환도 가능하다고 설명한다. 그는 우리의 살 자체도 감각물 가운데 하나이고, 그 속에는 자연과 타인을 비롯해 여타의 모든 것들이 서로 섞여 각인되어 있다고 보았다. 이때 그가 말하는 감각물이란 가시적인 것뿐만 아니라 여타의 비가시적인 것들까지 출현하는 장소다.

따라서 메를로 퐁티가 제시한 '살'의 개념에서 '감각한다는 것'은 순수한 의식의 반성 활동이 아니라, 세계에 대한 개방을 의미한다. '살'은 자연적 실재와 관념적인 것의 중간적 존재며, 다양성은 변별적인 세계의 실재에 입각해서만 통일체가 되는 현상학적인 일원론으로 설명된다. 여기에서 그가 중요시한 것은, 살에 의해 획득된 일원론적 통일성은 하나의 원리에 귀속되는 것이 아니고, 위계가 정해져 있는 형이상학적 위치를 표현하지 않는 감각물의 일원론이라는 점이다. 왜냐하면 감각물은 사물의 현상화를 통해 특징지어진 현상의 다양성이기 때문이다. 이처럼 메를로 퐁티에게 있어서 '살'은 완전한 하나의 세계도, 순수한 다수도 아닌 다양성을 의미하는 개념이며, 존재하는 방식을 일깨워주는 개념이다. 따라서 '감각하는 주체'와 '감각된 것'이 조화를 이루는 '살'은 서로를 비춰주는 "거울 현상"[73]과도 같은 반성 활동을 한다. 그가 말하는 지각은, 주체의 독단적인 구성 활동이 아니라, 서로를 비추는 일종의 반영, 바로 '살'의 반영을 의미한다. 느끼는 주체와 느껴진 대상이 서로 섞이고 침투하는 지각의 중심에서 반성 활동이 일어난다는 것이다. 따라서 그에게 있어서 봄은, 주체와 대상 사이의 어떠한 대립이나 분리도 없이 서로를 반영해주는 존재론적 조화를 의미하는 지각이다. 설령 세계가 봄을 통해 출현한다고 할지라도 우리는 그 세계를 소유할 수 없으며, 지각하는 주체는 보이는 타자가 될 때 비로소 그 자신이 될 수 있다. 즉 봄은 가시성의 차원에서 실현된다. '살'을 통한 체험은 다양한 차이들을 내포한 동일성이라는 점에서 서로에 대한 이해와 소통의 가능성을 보여준다고 메를로 퐁티는 말한다. 그런데 여기서 동일성은 닮음이나 유사성보다는 '차원성'으로 해석하는 것이 적절하다. 요컨대 우리는 살의 다양성을 가진 존재인 까닭에 타인들에 대해 상호 주관성을 가질 수 있다는 것이다. 이러한 사실들을 종합해보면 사유는 정신성이 아닌 몸성에 근거한다는 것을 알 수 있고, 이로써 감각이 정신의 원리에 귀속되는 것이 아니라 정신이 감각의 원리에 귀속된다는 사실이 설명된다. 결국 메를로 퐁티의 '살'에 대한 기술은 존재의 불투명성과 애매성이 합리적 보편성의 근거를 이룬다는 것으로 요약된다.

3. 예술론

(1) 회화 : '살'의 가시화

앞에서 살펴보았듯이 '살'의 구조는 비개념적이고 간접적이고 침묵적인 예술 언어를 통해 좀더 쉽게 이해된다. 특히 메를로 퐁티는 회화가 작가의 몸과 세계 사이의 '살'의 관계를 가장 잘 드러내준다고 보고, 회화를 "몸의 수수께끼 l'énigme du corps"[74]라고 정의했다. 몸의 수수께끼란 우리 몸이 사물들처럼 '보이는 것'인 동시에 '보는 주체'임을 함축하는 것인데, 회화는 보는 주체와 보이는 것 사이의 상호 침투, 즉 보는 주체에서 보이는 것으로의 변형을 의미한다는 것이다. 이처럼 지각하는 주체와 실제 세계 사이의 상호 침투는 거리에 의해 객관적으로 측정할 수 없는 깊이를 산출하며, 이러한 깊이는 객관적인 세계나 주관적인 세계 어느 한쪽에도 귀속되지 않는 '살'을 의미한다. 메를로 퐁티는 사물과 우리 몸은 모두 '살'이라는 같은 피륙에서 생겨난 것이라고 보았다. 그에 의하면 살은 모든 이분법적인 실재의 토대인 동시에 감각물로서 출현하며, 가시적인 것은 의미를 드러내는 감각적 현상이고, 비가시적인 것은 가시적인 것 아래 숨어 있는 의미로서 감각물의 두께에 의해 출현과 동시에 은폐된다. 이처럼 비가시적인 것은 '또 다른 하나의 가시적인 것'이 아니라 가시적인 것의 잠재적 세계다. 메를로 퐁티는 '살'이란 모든 보이는 존재들의 거주지인 "원초적 존재l'Être"[75]를 의미하며, 보편적인 차원에서 나타난다고 설명한다. 그는 또 비가시성은 가시적인 것의 대립 항이 아니라 가시적 현상의 지평이라고 보았다. 비가시성은 감각물의 깊이며, 감각물은 원초적 존재가 나타나는 양태이므로 그림은 단순히 보이는 세계의 거울이 아니라 보이지 않는 원초적 존재를 포함하는 세계의 표현이다. 최초의 세계라고 할 수 있는 원초적 존재는 개개의 예술가들이 만들어낸 작품 속에 다르게 체험되어 나타나므로, 감각물은 살과 같은 피륙에 속하지만 전적으로 동일하지는 않다. 감각물은 각 예술가들의 체험의 지평에 기인하는 '차이'를 내포하므로 가시적인 것과 비가시적인 것의 차이는 "동일한 것들 사이의 차이"[76]다. 그림의 가시성은 살의 피륙 속에 짜여진 비가시성을 내포하기 때문에 그림은 작가가 체득한 삶의 실존적 양태인데, 그림에서 보이지 않는 부분이 바로 이러한 실존적 양태의 의미이자 진실이다.

따라서 메를로 퐁티는 예술이란 우리에게 "실새의 상상적 피륙la texture imaginaire du réel"[77]인 '살'을 보여주는, '살의 감각물le sensible charnel'로 간주될 수 있다고 말한다. 그는 특히 세잔의 1890년 이후 작품을 예로 들어, 거기에는 틈 없는 하나의 덩어리인 살로서의 세계가 풍부한 색채의 떨림으로 밀도 있게 그려져 있다면서 윤곽선은 단지 이러한 떨림이 반영된 결과에 불과하다고 분석한다. 여기에서 메를로 퐁티는 지각 행위의 완성은 살아 있는 몸에 의한 지각적인 믿음을 소홀히 하지 않는다는 전제 하에, 지각과 상상력의 공동 작용에 의해서만 실현된다는 점을 강조한다. 요컨대 그가 말하는 상상력은 가장 원초적이고 시적인 의식 상태이기 때문에, 상상계想像界는 현실과 상관없이 관념 속에서만 존재하는 비실재의 세계가 아니라, 지각된 것, 즉 현상에 근거하는 실제 세계의 가능성으로서 실재하는 세계다. 한마디로 말하자면 세계의 실제적 가능성이라고 할 수 있다. 따라서 메를로 퐁티는 상상계로 간주된 비가시적인 것은 가시적인 것을 초월하는 것이 아니라 가시적인 것의 잠재성이고, 가시적인 것은 비가시적인 것의 가능성이라고 설명하면서, 상상력은 상상하는 의식을 구성하는 능력에 의해서가 아니라 세계를 향해 열리는 지향성에 의해서 좌우된다고 주장한다. 이처럼 메를로 퐁티는 '살'의 개념을 통해 상상력에 대한 현상학적 고찰

을 가능하게 함으로써 상상계가 심리적 비실재가 아닌 잠재
적 세계임을 밝혀냈다.

(2) 언어와 회화의 표현성

메를로 퐁티가 〈간접적인 언어와 침묵의 목소리〉를 통해
말하고자 한 것은, 개념적인 언어는 존재의 의미를 잘 드러
내지 못하고 발화인 파롤Parole만이 심오한 존재의 의미를 향
해 직접 나아갈 수 있으며, 이러한 파롤 속에 들어 있는 침
묵의 의미는 예술의 창조적 표현 속에서 가장 잘 드러난다
는 것이다. 그는 회화에 대한 연구를 통해 회화란 비가시적
인 존재를 가시화하는 것이므로 회화에서 구상 대 비구상의
딜레마는 잘못된 것이라고 지적하고, 예술 작품이란 하나의
개념으로 정의될 수 없는 존재를 가시화하는 방식, 즉 표현
이라고 정의한다. 그리고 예술 작품의 본질을 제스처에 의한
원초적 존재의 표현으로 규정하고, 몸의 표현 현상에 입각해
언어적 제스처로 간주된 언어의 표현 현상 속에서 회화 작품
의 표현적 특징을 밝혀내는 데 주력한다. 그는 언어가 기표
안에서 이성에 의해서는 이해할 수 없는 의미를 내포하기 때
문에 의미적인 동시에 표현적이라고 주장한다. 따라서 언어
는 기호들의 상호 작용을 통해서만 이해될 수 있고, 이미 형
성된 의미들을 암호화하거나 해독하는 수단이 아니라 말하
는 사람을 현전시키는 것이 된다. 특히 메를로 퐁티는, 소쉬

르의 구조언어학에서 말하는 파롤의 특징, 즉 하나의 기표는 다양한 기의를 갖는다는 특징을 바탕으로, 하나로 정의된 의미로 환원될 수 없는 회화의 언어적 특징을 간파해냈다.

ㄱ. 소쉬르 언어학의 성과

메를로 퐁티의 언어에 대한 현상학은 소쉬르의 언어학 이론이 제시하는 기호의 자의성에 바탕을 두고 있다. 소쉬르는 기표와 기의는 미리 정해진 일대일 대응표에 의존하지 않으며, 의미는 언제나 측면적이면서 어긋난 관계, 즉 틈새에 존재하는 것으로 간주했다. 즉 기호와 지시체 사이에는 어떠한 유사성도 없으므로, 기호는 이미 형성된 기의를 암호화한 기표가 아니라는 것이다. 기호의 의미는 기호들 간의 변별적인 관계 속에서만 이해될 수 있다고 설명한다. 결국 기표도, 기의도 모두 자의적이어서 고정되고 보편화된 기표나 개념은 없으며, 따라서 이 둘은 오로지 변별성에 근거해서만 존재한다. 우리가 파란색의 의미를 알기 위해서는 빨간색, 노란색 등 같은 색깔 체계 내의 다른 이름들과의 변별적 관계를 알아야 하듯이, 한 언어 단위의 가치는 다른 언어 단위와의 변별적 관계에 의존한다. 이것이 소쉬르 언어학 이론의 핵심이다.

소쉬르는 기호의 자의성으로 인해 기표와 기의 사이에 어떠한 관련도 없다는 것 외에 언어가 분절적 특징을 지니고 있다는 것에도 주목했다. 예를 들어 일정한 음성의 연쇄와 의미가 결합된 단위인 '기분이 좋다'라는 문장이 있다면, 이 문장은 우선 '기분', '이', '좋다' 세 단위로 분절되고, 이중 '기분'은 다시 'ㄱ', 'ㅣ', 'ㅂ', 'ㅜ', 'ㄴ'이라는 다섯 단음으로 분절된다. 소쉬르는 이 과정을 각각 1차 분절과 2차 분절이라고 정의한다. 이처럼 하나하나의 소리는 다른 소리의 연쇄 속으로 미끄러져 들어가고, 의미는 기호들 사이의 측면적인 관계 속에 놓여 단어와 음소들 사이에 내포된다. 앞에서 언급했듯 이 의미하는 소리의 연쇄는 시간적으로 멈춰질 수 없고, 다른 소리 속으로 자연스럽게 녹아드는 탓에 늘 의미에서 벗어나 있으며, 따라서 완전히 통일되기에는 불가능하고 준통일만 가능하다. 결국 실재는 일정한 기호들의 관계 속에 존재하므로, 의미란 이러한 관계, 즉 변별화하는 차원에 불과하다. 메를로 퐁티는 표현 역시 이러한 분절로서 파악해야 한다고 지적하고, 일반적인 소리에 비해 사람의 목소리가 고유성을 가지는 것은 그것이 분절되기 때문이라고 해석한다. 소리는 분절을 거쳐 의미로 환원되는 관계 속으로 나아가므로, 목소리를 관계의 진실 속에서 이해한다는 것은 그 자체 안에서 분절되는 통일성을 이해한다는 것을 의미한다.

메를로 퐁티에 따르면 사회적으로 약속된 규칙 체계인 랑그는 선험적인 구조로 간주할 수 있는데, 이 같은 구조로서의 랑그는 습득될 수 있으며 자신의 개인적 활용인 파롤에 부분적으로 내재한다는 것이다. 개인의 사고나 표현은 랑그라는 언어 체계, 즉 언어의 구조에 의존하기 때문에 주체 외에 익명의 타인도 언어 표현 속에서 작용할 수 있으며, 주체는 말하는 행위의 주체가 아니라 외부의 언어라는 객관적 구조에 입각한다. 이와 함께 메를로 퐁티는 파롤을 이해하기 위해서는 이와 같은 침묵의 배경이 되는 랑그도 함께 풀어가야 한다고 덧붙였다. 〈언어의 현상학에 관해서Sur la phénoménologie du langage〉라는 글에서 그는, 언어가 단순한 심리적 행위가 아니라 우연적인 동시에 체화된 논리라는 사실을 밝히고, 말하는 실체로서의 파롤은 결국 우리가 말하거나 무엇을 이해할 때 우리 속에 나타나는 타인의 현전이나 타인 속의나 자신의 현전을 체험하는 것이며, 결국 언어적 현상은 타인의 존재를 암시하는 것임을 밝힌다.

ㄴ. 표현적인 언어로서의 회화 : 원초적인 파롤

메를로 퐁티는 우리 몸의 가장 단순하고 말초적인 제스처도, 행위라는 기호 속에 이미 세상에 대한 주체의 실존적 태도를 암시하는 의미를 함축하고 있는 자발적인 언어라고 주장하고, 이러한 사실로부터 언어란 몸의 표현적인 현상임을유추해냈다. 그는 또 언어란 단순히 이미 결정된 사유나 개념을 전달하기 위한 기호가 아니라고 설명하고, 단어를 그저신경이나 연상 법칙에 소환되어, 객관적 인과성에 의거한 물리적 현상에 불과한 것으로 치부하는 경험주의자들을 비판했다. 이와 함께, 단어의 의미는 범주에 의해 미리 내적으로 형성되므로 단어는 단지 외적인 기호에 불과하다고 생각하는 주지주의자들도 비판했다. 그는 기호에서 의미를 분리시키는, 언어에 대한 경험적이고 주지주의적인 해석의 오류를 지적하면서 "단어는 의미를 지닌다"[78]고 주장한다. 세계 속의 몸의 현전은 모든 의미들을 하나의 구조로 연결해서 말로 이어주는 능력을 가지고 있기 때문에, 파롤을 구성하는 의미는 실존적인 제스처의 의미에서 파생된다는 것이다. 또한 기호의 의미 작용은 준※몸성이라는 속성을 지니고 있기 때문에, 기호는 '코기토'가 아니라 '할 수 있는 몸'의 지향성으로부터 발생하며, 개념적인 의미는 몸의 사용으로 이해될 수 있다. 쉽게 말해 파롤이란 목구멍의 떨림, 즉 몸의 떨림에 의해 생겨나므로 말의 주체는 코기토가 아니라 발화하는 몸이라는 뜻이다. 메를로 퐁티가 말하고자 한 핵심은, 이처럼 내가 말하면서 듣는 목소리는 몸성이 제거된 순수한 자생적 감정이 아니라 목구멍과 입의 움직임 같은 몸의 진동에 의해 생겨나므로, 언어는 발화하는 몸을 근간으로 삼는다는 것이다.

메를로 퐁티는 〈간접적인 언어와 침묵의 목소리〉에서, 언어가 표현적이기 위해서는 이미 형성된 의미들을 옮기거나 사물 또는 생각 자체에 대해 언급하기를 포기함으로써 언어가 사유를 복사하지 않고 존재의 발원적인 의미를 드러낼 수 있도록 해야 하는데, 그러자면 언어가 이미 사용된 것을 경험적 소리로 반복하지 말아야 하므로, 언어의 진정한 사용은 침묵적일 수밖에 없다고 설명한다. 요컨대 무언의 언어가 존재하며, 회화나 문학 같은 창조적인 예술 작품은 이러한 방식으로 말을 해야 한다는 것이다. 아울러 그는 경험적인 언어로서의 파롤과 창조적인 사용으로서의 파롤을 구별하고, 참다운 파롤은 공통되고 객관적인 명칭으로 수렴되지 않으므로 언어의 경험적 사용이라기보다는 침묵에 가깝다고 규정한다. 만약 언어가 직접적으로 사유와 사물을 의미한다면 그것은 언어의 이차적인 개념적 능력을 수행한 것에 불과하므로, 이런 경우에는 침묵의 목소리가 되지 못한다. 파롤은 객관적 언어에서 벗어나 창조적인 파롤로 거듭날 때 비로소 침묵하는 존재의 의미를 표현할 수 있고, 이러한 침묵의 의미를 가장 잘 드러낼 수 있는 것은 예술 작품이며, 언어로 된 문학 작품도 개념적인 언어로는 표현할 수 없는 침묵적인 존재의 의미들을 풀어낸다는 점에서 무언의 예술로 간주될 수 있다. 회화가 색채와 형태라는 보이는 구조를 통해 보이지 않는 존재 의미를 표현하는 것이라면, 소설은 일상적인 언어로는 표현할 수 없는 보이지 않는 의미를 단어가 갖는 의미의 축적이 아닌 전체 문맥을 통해 표현하는 것이다. 요컨대 진정으로 표현적인 언어와 회화는 하나의 의미를 위해 하나의 기호를 선택하는 것이 아니며, 그것의 의미는 확정되거나 결정되지 않고 늘 발생 중에 있다.

메를로 퐁티는 사유하는 주체를 설명하기 위해 이미 존재하는 의미들을 참고하는 구성된 언어와 '원초적인 파롤la parole originaire'을 구분하고, 진정한 표현적인 언어란 야생적이면서 독창적인 의미를 낳는 '날것 같은' 생생한 말이라고 정의한다. 그에게 있어 원초적인 파롤의 표현적 의미는 이미 정의된 의미가 아니라 완성되어가는 도중에 있는 암시적인 의미다. 결국 언어의 표현성은 미리 존재하는 사유를 드러내지 않는 야생적 의미에 근거하고 있다는 것이다. 기호에 의해 직접적이고 즉각적으로 출현할 수 있는 야생적 의미는 기의와 기표가 내재된 원초적인 파롤을 형성하는데, 여기에서 기의는 이미 출현한 것이 아니라 출현 중에 있는 것이다. 즉 작가에게 있어서 '원초적인 파롤'은 이미 획득되고 형성된 사유를 번안하는 것이 아니며, 자신과 타인을 존재하게 해주고, 그것의 의미가 생성 중에 있다면 원초적인 파롤은 규정되거나 정의될 수 없는 그런 암시적인 의미를 지니는 것이다. 이와 같은 맥락에서 보면 화가에 의해 창조된 색채도 현실 세계를 재현하는 수단이 아니라 화가가 체험한 원초적인 세계이므로, 회화 역시 말처럼 원초적인 작용을 하는 파롤이다. 색채도 원초적인 대상이 생겨나도록 하므로 회화 또한 '침묵의 언어'라고 할 수 있는 것이다. 따라서 메를로 퐁티는 이러한 회화의 표현성은 실재 세계를 복사하는 재현이나, 절대적인 주관성으로의 복귀, 화가 자신에 대한 독백의 수단이 아니며, 회화는 존재의 발원적인 의미를 표현하는 시와 같은 것이라고 정의한다. 지시체와 전혀 유사하지 않은 단어가 발원하는 것을 현전시키는 기능을 하는 것처럼, 그림도 낯선 존재를 표현하는 일을 한다. 이와 같은 메를로 퐁티의 사유는 현대 회화, 특히 추상 미술이 한 개인의 절대적인 주관성으로 귀환하는 것이 아님을 시사한다. 그에 따르면 추상 미술이 보여주고자 한 것은 현실의 리얼리티와는 동떨어진, 절대적으로 순수한 자아가 아니라 작가에 의해 체득된 존재에 대한 진실이다.

이처럼 메를로 퐁티의 예술관은 말로의 예술관을 비판하면서 더욱 밀도 있게 전개된다. 말로는, 과거의 예술이 대상 중심적이었다면 현대의 예술은 주체 중심적이고 다양한 문화의 경계를 넘나드는 연속성을 지니고 있다고 주장하면서, 이러한 연속성은 인간 문화의 통일성을 드러내는 것인 동시에 작가가 스타일을 향해 나아가기 위한 하나의 목적이라고 해석했다. 메를로 퐁티는 이러한 말로의 견해를 비판한다. 말로의 견해 중, 회화와 언어는 복사와 같은 '재현'을 벗어날 때 비로소 창조적인 표현 예술의 범주에 속하게 된다는 부분은 옳지만, 현대 회화를 주관성으로의 귀환이라고 정의한 것은 잘못이라는 것이다. 메를로 퐁티에 따르면 '재현'은 본래 세계에 대한 사실적인 복사가 아닐 뿐만 아니라, 고전 회화를 비롯해 어느 시대의 회화든 세계에 대한 변형을 포함하게 마련이므로 현대 회화가 재현을 거부하는 것은, 야생적 지각으로부터 감각물이 출현하는 '현전으로의 귀환'으로 볼 수 있다. 여기에서 그는 재현하는 지각도 그 시대의 문화에서 유래한 것임을 간파하고, 원근법을 지각된 세계를 복사하기 위한 수단이 아니라 대상을 투사하기 위한 장치들 중 하나로 취급한다. 즉 원근법은, 순간적인 종합을 통해서 대상을 현재 변화하는 모습이 아닌 우연성이 제거된, 영원히 완결된 형태로 묘사하는 데 필요한 장치라고 설명하면서, 어느 시대든, 심지어 현대의 추상 미술에서도 화가는 즉각적이거나 정신적인 자아가 아니라 자신의 삶에서 체득한 스타일을 표현한다고 주장한다. 이런 맥락에서 보면 메를로 퐁티에게 있어서 표현은, 언어적이든 회화적이든, 사유를 복사하는 것이 아니며, 기호는 이미 정의되고 완결된 의미로 환원되는 것이 아니다. 기호와 의미가 미끄러지면서 빈틈이 생기므로 기호의 의미는 간접적이고 암시적이며 침묵적이다.

ㄷ. 스타일 : 몸을 통한 등가물의 체계

메를로 퐁티는 세계에 대한 봄Vision을 지닌 몸은 외부의 물리적 사건들을 자신의 고유한 언어로 변형시킬 수 있다고 보았다. 말하자면 몸이, 세계의 상황에 실존적 의미를 부여하는 내적 필연성을 표현한다는 것이다. 결국 현대 회화는 화가의 즉각적인 자아가 아니라, 지각을 통해 체험된 세상에 대한 내적 논리를 '일관된 변형'을 통해 표현한 것이고, 이러한 논리와 변형이 작가 자신의 고유한 스타일을 드러낸다. 여기에서 그가 말하는 스타일이란 작가의 고유한 봄에 따라 소재를 다루는 방식으로서, 작품의 소재에 형식을 부여하는 '등가물의 체계'라고 할 수 있다. 메를로 퐁티는 등가물의 체계를 설명하기 위해서, 르누아르가 지중해의 푸른빛을 자신의 그림 속에서 시냇물로 변형시킨 것을 예로 들면서, 붓질은 인과적 법칙에 따른 근육의 기계적 움직임이 아니라 몸의 다양한 기관들이 작가의 의도나 지향에 따라 움직이는 실존적인 표현 행위의 비밀을 간직하고 있다고 파악했다. 결국 스타일이란 작가의 몸이 세계와의 실존적인 만남을 통해 지각 속에 흩어져 있는 의미를 일관되게 의미 작용의 체계로 변형시키는 표현 방식인 동시에 작가의 고유한 언어라고 할 수 있다. 따라서 예술 작품에서 스타일이란 '이중적 필연성', 즉 감각적 형식이라는 외적 필연성과, 작가에 의해 체득된 의미라는 내적 필연성을 동시에 드러내는 것으로서, 작품을 만드는 수단인 동시에 세계를 말하는 수단이다. 말하자면 표현이란 자신은 알아볼 수 없으나 타인들은 알아볼 수 있는 자신을 표명하는 방식이며, 그것의 의미는 타인들 속에서 드러나고 그들과의 소통의 가능성을 열어주는 도구가 된다. 메를로 퐁티는 스타일이란 작가의 지각된 세계에 대한 암시적인 논리이기 때문에, 현대 회화가 재현적인 대상을 지시하지 않는 회화적인 선을 대체하는 것은, 고립된 자아나 순수한 정신이 아니라 실존의 진실이라고 주장한다. 결국 구체적인 대상을 재현하지 않는 순수한 추상 형식이 작품의 내용과 분리되지 않은 채, 작가의 감관感官에 의해 내적으로 체득된 세계의 존재를 구성한다는 것이다.

메를로 퐁티는 헤겔의 견해 중에서 역사 속의 이성이 스타일 안에서 작용한다는 내용에 대해서는 비판하지만, 작가가 자신의 내적 진실을 외부로 표출하면서 기호를 발산하는 표현 행위를 염두에 둔 외화外化에 대해서는 동의한다. 인간은 자신의 행위를 통해서 삶에 대한 진실과 필연성을 표현하고 싶어 하는 본성을 가지고 있기 때문에 인간의 존재는 외화하는 행위에 의해 확인되며, 표현 능력은 삶의 고유한 내면적 성질을 자발적으로 외화시키면서 존재하는 주체에게서 나타난다는 것이다. 인간은 외화 행위를 통해 세계와 새로운 관계를 수립할 수 있으므로, 헤겔에게서 변증법의 자발적 운동은 항상 새롭게 출발하는 표현 현상이라고 메를로 퐁티는 해석하지만, 단 철학이나 예술의 의미는 발생적이고 종합될 수 없다는 사실을 강조한다. 요컨대 진정한 역사란 절대 정신이 자신에게 복귀해서 자기 동일성을 회복하는 것이 아니라, 삶 자체에서 생명을 얻고 있는 우리 자신이라는 것이다.

아울러 메를로 퐁티는 영화의 주제가 편집된 숏과 숏 사이의 틈새에 존재하는 것처럼, 소설의 주제도 단어들 사이에서 이 단어들이 한정하고 있는 공간과 시간, 의미의 간극 등 단어의 구조 속에 존재하며, 회화처럼 소설도 무언의 표현 예술임을 강조했다. 또한 그는 문학에서 형식주의와 주제 문학이 형식을 의미와 분리시켰다고 고발하면서, 우리의 제스처나 파롤이 그 자체 안에 규칙이나 세계관과 같은 모든 진실을 내포하는 것처럼, 소설이나 회화의 의미도 작품의 표현 형식과 분리될 수 없다고 설명한다. 말하자면 예술 작품의 표현 형식은 내용을 담는 용기나 윤곽이 아니라, 내용과 분리될 수 없는 내용 그 자체인 것이다. 메를로 퐁티는 작품을 예술가의 심리적 상태에 입각해서 분석하는 정신분석학적 태도와, 작품을 삶과 분리시켜서 기적 같은 것으로 신비화하는 태도를 동시에 비판하면서, 생명의 역사와 죽음의 역사라는 두 가지 역사성에 대해 언급한다. 즉 삶과 분리된 박물관은 작품의 숨결과 열정을 질식시켜서 작가의 제스처를 단순한 메시지로 바꿔버리므로, 박물관의 역사는 죽음의 역사다. 생명의 역사는 화가의 작품을 일상적 삶과 분리시키지 않는 역사다. 따라서 작품을 제대로 이해하기 위해서는 분석한 것만을 알아내는 분석이나 비평보다는, 몸에 의한 지각적 체험을 바탕으로 얽혀 있는 침묵의 실타래를 풀어내는 것이 바람직하다고 그는 조언한다. 합리적인 타당성을 묻기 위해 언어를 비평적으로 사용하는 대신 언어를 의미와 연결할 때 언어는 비로소 문학적이고 생산적인 것이 된다. 다만 메를로 퐁티는, 회화와 문학은 비가시적 구조나 문맥을 통해 보이지 않는 의미를 풀어낸다는 점에서는 유사하지만, 회화가 사물을 그림으로 변형시켜 일거에 영원성으로 정착시키는 데 반해, 문학은 회화의 이 같은 순간적인 영원성을 거부하면서 시간 속에서 태어나 사물을 의미로 내세운다는 점이 다르다고 보았다.

요컨대 메를로 퐁티는 〈간접적인 언어와 침묵의 목소리〉에서, 회화와 문학 같은 예술 언어는 반성을 거친 개념적 언어로 환원될 수 없는 불투명하고 비결정적인 존재에 침묵으로 접근한 뒤 그 의미를 개시한다는 사실에 주목하면서, 철학의 합리적 사유의 근거와 타당성도 회화와 문학처럼 개념적으로 변형되기 이전의 침묵 속에 존재하는 원초적인 파롤을 찾는 데서 출발해야 한다고 주장한다. 이와 함께 그가 강조하고 있는 또 한 가지는, 어느 시대의 회화도 순수하게 시각적인 세계나 정신적인 세계만을 가시화하려고 하지 않았으며, 그보다는 인간의 몸과 세계 사이의 생생한 실존 관계를 통해 출현하는 존재를 표현하는 데 주력했다는 사실이다. 이러한 메를로 퐁티의 사상을 한마디로 요약하자면, 예술 언어란, 이미 사유되거나 형성된 의미가 아니라 발원적인 의미를 간접적으로 말하는 침묵의 목소리라는 것이다.

1   (옮긴이주) 소쉬르Ferdinand de Saussure(1857~1913)는 인간 언어의
    발화 과정에 관심을 기울인 구조주의 언어학의 창시자다. 그는《일
    반언어학 강의*Cours de linguistique générale*》(1907~1911)에서 우리가
    사용하는 언어를 일종의 기호 체계로 규정하고, 기호signe는 '표시하
    는 것'인 기표signifiant와 '표시되는 것'인 기의signifié로 이루어진다
    고 설명했다. 또한 기호가 기호 지시체나 기호 사용자의 의도를 반
    영한다고 보는 전통적인 언어학에 반대해, 기호와 지시체 간에는
    어떠한 유사성이나 일치도 없고 기호는 단지 사회적 약속일 뿐이
    라는, 기호의 자의성을 주장했다. 기표와 기의는 자의적이므로 고
    정된 보편적인 기표는 어떠한 개념도 가지고 있지 않고, 기표나 기
    의는 변별성에 의해서만 존재한다는 것이다. 쉽게 말해서 파란색의
    의미가 빨간색, 노란색 등 다른 색깔 체계와의 변별적 관계에 의해
    서 결정되듯이, 언어 단위의 가치도 다른 언어 단위와의 변별적 관
    계에 의존한다. 결국 기호가 자의적이라는 것은 관계에 좌우된다는
    뜻이므로 기호의 의미를 알아내려면 기호를 만들어낸 관계와 구별
    체계를 고찰해야 한다고 소쉬르는 주장했다.

2   (옮긴이주) 이 논문은 1952년에《현대*Les Temps modernes*》지[VII(6월),
    2113~2144쪽 ; VII(7월), 70~94쪽]에 처음 소개되었다가 1960년

에 그의 논문들을 모은 책인《기호들*Signes*》에 수록되었다.

3   (옮긴이주) 소쉬르는 언어 활동을 언어 체계인 랑그langue와 실제적
     발화인 파롤parole로 구분하고, 파롤은 개인의 구체적인 발화 행위
     에 따라 일회적·우연적으로 발현되는 것으로, 랑그는 개인에게 잠
     재적으로 존재하는 문법 체계, 즉 언어 사용의 규칙 체계로 정의한
     다. 따라서 랑그의 기본 단위는 문장이고 파롤의 기본 단위는 발화
     다. 소쉬르는 한 언어 단위는 체계 내에서 다른 단위와 구별되는 의
     미를 가진다고 보고, 대명사라는 명백한 사례를 통해 발화(파롤)와
     체계적인 언어 구조(랑그)가 어떻게 다른지 설명하며, 이때 '의미
     작용'과 '가치'라는 용어를 사용한다. 소쉬르는 mouton과 sheep를
     예로 들어 단어들이 각기 다른 가치를 가지고 있음을 밝혀주었다.
     프랑스어 mouton은 영어 sheep와 같은 의미로, 양과 양고기를 모두
     가리킨다. 이에 반해 영어 sheep는 살아 있는 양만 지칭하며, 양고
     기라는 뜻으로만 쓰이는 mutton과의 차이에 의해서 그것의 의미가
     규정된다. 정리하자면 mouton과 sheep는 같은 의미를 가지고 있으
     나 가치가 다르며, mouton의 가치는 sheep라는 기호에 의해서 '변
     별력'을 가진다. 즉 기호의 가치는 다른 기호들과의 '차이'에 의해
     결정된다.

4   (옮긴이주) 브루넬레스키Filippo Brunelleschi(1377~1446)는 이탈리
     아 르네상스 시대의 건축가이자 조각가로, 로마에서 고대 건축 양
     식을 연구한 뒤 피렌체 대성당의 거대한 돔 축조에 성공함으로써
     이탈리아 르네상스 시대 건축 양식의 창시자라는 평가를 받고 있
     다. 피렌체 대성당의 돔은 당시 사용하던 전통적인 방법에서 벗어
     나 두 겹의 셸 구조를 채용했다. 팔각형 평면 위에 두 겹으로 이루어
     진 여덟 개의 상자 형태의 리브를 만들고, 돌로 만든 정탑의 무게를
     견딜 수 있도록 아래쪽에는 돌을, 위쪽에는 벽돌을 사용했으며, 아

랫부분을 목재와 철재로 조여서 돔이 옆으로 터지는 것을 막았다. 이전에 사용되던 무겁고 비싼 나무틀을 포기함으로써 돔의 무게를 줄이는 동시에 거대한 공간까지 확보한 것이다. 이 밖에 서로 떨어져 있는 사물들 사이에서 기하학적·수학적 관계를 찾아내고, 돔 축조에 사용한 기하학적 투시도법의 원리를 지평선상의 한 소실점에 수렴되는 수학적 원근법으로 활용하는 '시각 원리'로 발전시키기도 했다(1420년경). 이 원리는 마사초Masaccio(1401~1428)의 〈성 삼위일체La Trinité〉(1425~1428년경)에 최초로 응용되었다.

5 Pierre Francastel, *Peinture et Société*, 17~18쪽.

(옮긴이주) 프랑카스텔Pierre Francastel은 프랑스의 미술사회학자로, 《형상적 실재*La Réalité figurative*》,《형상과 장소*La Figure et le lieu*》 등의 저서를 남겼다. 그리고 미술사를 선적이고 회화적인 양식의 규칙적 반복으로 보는 뵐플린Heinrich Wölfflin의 형식미술사에 반대하고, 미술을 상상적·물질적·역사적·사회적 구조를 가진 형상 언어로 파악하는 사회학적 시각을 견지했다. 즉 프랑카스텔은 이미지의 형상화를 소통하기 위해 '지각된 것', '실재', '상상적인 것'을 조합하고 구조화하는 언어 작용으로 보았으나, 형상 언어에 구조 언어학의 방법을 적용할 수 없다고 강조했는데, 이유는 발화된 말의 연쇄는 단어와 음소들로 분절되지만 형상 이미지의 부분들은 구체적인 동시에 상상인 이중의 의미작용 속에서 결합되기 때문에 부분들로 분해될 수 없기 때문이라고 주장했다. 그리고 브루넬레스키의 영향을 받아 르네상스의 공간을 "둥근 천장이 바람벽 내부 사이에 둘러싸고 있는 공기의 입방체"가 아니라 "균등한 가치를 지니고 또한 그것은 어디에도 존재하는 것이며, 포함하는 것이자 포함되는 것이며, 둘러싸기도 하고 둘러싸이기도 하는 것"으로 간주했다. "즉 둥근 천장의 표면은 대기 속에서 연장되는 면들의 교차점이다. 또한 둥근

천장은 자기가 위치한 중심에서 신비스러운 지점들과 자기를 연결
시켜주는 모든 상상적 선들이 있는 기하학적인 장소"라는 것이다.
프랑카스텔, 《미술과 사회》(민음사, 1998), 30쪽.

6 Pierre Francastel, *Peinture et Société*, 17쪽 이하.

(옮긴이주) "피렌체인들이 모두 잘 알고 있는 건축물인 대성당의 중
심 문에서 본 세례당과 시의회 등이 묘사된 두 개의 작은 판이 바
로 이 장치이다. 거기에 묘사된 건물들은 그 주위에 뒤로 물러서면
서 배치된 경境으로 풍경을 만들어 주는 길과 광장을 배경으로 하
고 있다. 특기할 만한 것은 이제부터 화가들은 원근법적인 방식으
로 숙고하게 된다는 놀라운 사실이다. 왜냐하면 브루넬레스키의 조
망을 보기 위해서는 판 중심에 뚫린 작은 구멍에 눈을 대면 되기 때
문이다. 즉 두 개의 조망 중에 첫 번째인 세례당을 보려면 대성당문
의 입구에 해당된 지점에 서면된다. 바로 이 지점에서 조망이 잡히
고 정렬되어 있기 때문이다. 또한 이 판은 하늘을 반사하는 매끈한
철판 위에 세워졌다. 그림을 그린 판에 뚫린 그 작은 구멍을 통해서,
광선과 반사로 이루어진 한 상상의 세계가 고도의 시각 작용에 의
해 우리들 시선에 포착된다. 이 두 시각적 조망이 갖는 실험적 성격,
둥근 천장 건립에 있어서 브루넬레스키에게 길잡이가 되었던 사고
들과 이러한 실험적 성격과의 관련은 아주 분명하다……이제 우리
는 한 실험 도구, 한 기구 앞에 있는 것이다." 프랑카스텔, 《미술과
사회》, 32~33쪽.

7 (옮긴이주) 희구법은 소원이나 바람을 나타내는 그리스어 문장 형
태로, 고대 그리스 시대에는 빈번하게 쓰였으나 현대에는 몇몇 공
손한 표현법에서가 아니면 거의 쓰이지 않는다.

8 (옮긴이주) 말라르메Stéphane Mallarmé(1842~1898)는, 합리주의의
명료함보다는 신비스럽고 직관적인 감정에, 또 자연보다는 인간의

문제에 관심을 기울인 상징주의의 선구자다. 보들레르Charles Baude-
laire의 〈악의 꽃Les Fleurs du mal〉을 읽고 감명 받아 시를 쓰기 시작했
으며, 시란 모름지기 물질적 세계의 외관을 벗어나서 순수한 아름
다움을 표현해야 한다고 생각해 언어의 영상映像과 유추를 통해 이
미지를 창조함으로써 시를 음악처럼 창작하려고 애썼다. 주요 작품
으로는 서정시 〈목신의 오후L'Après-midi d'un faune〉, 장시 〈던져진 주
사위Un Coup de dés jamais n'abolira le hasard〉, 산문시 〈디바가시옹Diva-
gations〉 등이 있다.

9   (옮긴이주) 푸생Nicolas Poussin(1593~1665)은 17세기 프랑스를 대
    표하는 화가로, 루이 13세 때 궁정 화가를 지냈다. 로마의 유적과 고
    대 미술 작품에 심취해 고전의 세계를 예술적으로 재현하는 데 몰
    두했으며, 프랑스의 아카데미즘을 확립한 고전주의 대가로서 풍경
    을 고대적·신화적으로 절제 있게 재현한 이상적 풍경을 그렸다. 주
    요 작품으로는 〈사비니 여인의 약탈〉, 〈미다스와 바쿠스〉, 〈아르카
    디아의 목자들과 아르카디아의 나〉 등을 들 수 있다.

10 (옮긴이주) 마티스Henri Matisse(1869~1954)는 프랑스의 대표적인
    야수파 화가다. 부수적인 회화 요소로만 인식되던 색이 인상주의
    이후부터 독자적인 가치를 확보하기 시작해, 마티스에게 이르러서
    완전히 자족성을 갖추게 되었다. 마티스는 풍경이나 누드 등을 주
    관적이고 강렬한 원색의 병치를 통해서 평면적인 면으로 그려냄으
    로써, 색채와 선의 추상적이고 장식적인 가능성을 발견했다. 말년
    에는 간결하고 유기적인 장식적인 문양을 고안해 현대 디자인을 개
    척하는 데 일조하기도 했다. 대표작으로는 〈모자를 쓴 여인〉, 〈빨간
    색의 조화〉, 〈춤〉 등이 있다.

11 (옮긴이주) 라이프니츠Gottfried Wilhelm von Leibniz(1646~1716)는
    다양한 면모를 지닌 독일의 철학자로서, 철학뿐만 아니라 법학, 수

학, 자연과학 등 여러 분야에 관심을 쏟았다. 신을 통해 모든 것에서 조화를 찾고자 한 라이프니츠의 철학적 성과는 '단자론單子論'에서 결실을 거둔다. 그는 단자(모나드)라는 새로운 실체 개념을 도입해서, 세계는 통일적인 것을 다양하게 표현하는, 분리 불가능한 단일한 단자들로 성립되어 있다고 주장했다. 단자는 원자와는 달리 비연장적이고, 표현이라는 비물질적인 작용을 본질로 한다. 단번에 행해지고, 시간을 초월하는 '표현'이라는 작용을 통해 단일성을 유지하면서 다양성을 포용한다는 점에서 '살아 있는 거울'이라고도 한다. 그의 철학의 핵심은, 세계를 구성하는 단자들은 맹아盲啞의 단계에서는 모두 똑같지만 전개 과정을 거치면서 달라지는데, 서로 독립적이고 인과 관계가 없는 단자들의 자발적인 전개는 신에 의해 예정되어 있기 때문에 질서와 조화가 성립되어야 통일성을 유지할 수 있다는 것이다. 라이프니츠의 대표적인 저서로는《형이상학 서설Metaphysische Abhandlung》,《변신론Theodizee》,《단자론Monadologie》등이 있다.

12 (옮긴이주) 베르그손Henri Bergson(1859~1941)은 생철학生哲學을 대표하는 프랑스의 철학자로, 노벨문학상을 수상했다. 독일의 관념철학과 실증철학을 비판하고 과학 이론에 기초한 실재론적 유심론을 주장하면서 독창적인 현대 프랑스 사상의 기틀을 마련했다. 그는 실재론과 관념론 모두를 비판하기 위해 저술한《물질과 기억Matière et mémoire》에서, 순수 지각(물질)과 순수 기억(정신)은 서로 환원될 수 없는 실체라는 형이상학적 이원론을 펴지만 지각 작용에 있어서는 이들이 상호 침투한다고 주장했다. 메를로 퐁티는 초기 저서에서 베르그손의 현상 세계는 직관에 의해 구성된 내적 세계라고 비판했으나 1950년 이후부터는 이 세계는 의식에 의해 구성된 세계가 아니라 대상과 의식의 상호 작용에 의해 탄생한 세계이고, 베르

그손의 지각 이론이야말로 존재하는 가시적 세계를 드러내준다며 태도를 바꾸었다. 베르그손은 시간을 과거, 현재, 미래가 상호 침투를 지속하면서 질적 변화를 초래하는 생동체로 간주한 지속 이론을 제시하기도 했는데, 이는 기억 이론과 따로 떨어뜨려서 생각할 수 없다. 그는《물질과 기억》에서 기억을 과거 사건에 대한 특별한 감정 없이 표상하는 '기계적 기억'과, 독특하고 일회적인 체험의 고유한 질을 순수한 상태로 보존하는 '순수 기억'으로 구분했다. 여기에서 말하는 순수 기억은 프루스트Marcel Proust의 소설《잃어버린 시간을 찾아서À la recherche du temps perdu》에 나타난 '무의식적 기억', 즉 사물에 대한 기억이 아니라 사물에 대한 잃어버린 시간들의 편린인 기억 자체와는 전혀 다른 개념이다. 또《창조적 진화L' Évolution créa-trice》에서는 우주의 운동 법칙과 변화 법칙을 생生이라는 개념에서 도출하는 존재론을 전개했는데, 베르그손의 창조적 진화론은, 모든 실재를 지속적인 시간 속에서 자발적인 운동에 의해 생성하고 변화하는 창조적 과정으로 파악한 것으로, 기계론적 진화론이나 목적론적 진화론을 넘어서는 독창적인 개념으로 평가받는다. 이 밖에도《웃음Le Rire》,《도덕과 종교의 두 원천Les Deux sources de la morale et de la religion》등의 저서를 남겼다.

13 (옮긴이주) 말로André Malraux(1901~1976)는 프랑스의 소설가이자 예술가, 정치가다. 17세에 학업을 그만두고 서점에서 일했으나 기메 박물관과 루브르 학교의 수업을 수강하면서 보다 자유롭게 예술과 문화에 대한 교양을 쌓았고, 20세에 예술 평론을 출판했다. 동양 문화에 관심이 많아서 근동과 극동을 자주 여행했는데, 이를 통해 부조리한 세상에서 인간의 존엄성과 명예를 지킬 수 있는 방법은 행동과 투쟁뿐이라는 사실을 깨달았다. 그로 인해 1923년에는 인도차이나에서 피식민지 국민들의 각성을 촉구했고, 1925년에는

《속박당한 인도차이나L'Indochine Enchaînée》라는 신문을 발행하기도 했다. 이후 중국에서 사회주의 혁명이라는 놀라운 역사적 사건을 직접 목격했고, 스페인 내전에 항공군대장으로 참전해 1937년까지 파시즘에 맞서 싸웠으며, 프랑스로 돌아와서는 1945년부터 레지스탕스 대원으로 활동했다. 이때 드골 장군을 만난 인연으로 드골 정부 시절 문화부 장관(1959~1969)을 지냈으며, '프랑스인민연합(R.P.F.)'의 창립과 투쟁에서 중요한 역할을 수행하기도 했다. 말로는 이처럼 다양한 사회 활동과 정치 활동에 직접 참여하면서 겪은 체험을 바탕으로 《정복자들Les Con-quérants》, 《왕도La Voie royale》, 《인간의 조건La Condition humaine》, 《희망L'Espoir》 등 인간의 실존적 불안을 다룬 작품을 많이 남겼다. 예술철학으로는 《상상의 박물관 Le Musée imaginaire》, 《침묵의 소리Les Voix du silence》, 《신들의 변신La Métamorphose des Dieux》 등이 있다. 《상상의 박물관》은 1947년에 초판이 발행되었지만, 1951년에 간행된 2판부터는 《침묵의 소리》 제1부로 구성되었다. 《침묵의 소리》는 3권으로 구성된 《예술심리학La Psychologie de l'Art》(1947~1950)의 개정판이다. 《상상의 박물관》에서 말로는, 회화란 자연이나 현실의 충실한 모방이나 이상화가 아니라 '비현실적인 세계의 창조'라고 주장하고, 박물관에 소장된 작품들은 예술만의 '초월적 세계surmonde' 속에 놓이는 변모를 겪게 되는데, 실제로 박물관에 소장될 수 있는 작의 수는 극히 적으므로 이러한 한계를 극복해주는 것이 '상상의 박물관'이라고 규정했다. 여기에서 말하는 '상상의 박물관'은 작품들을 사진으로 복제해서 엮은 화집이다. 즉 '상상의 박물관'은 모든 박물관에 실제로 소장된 작품뿐만 아니라 크기나 여러 가지 제약으로 인해 실제로 박물관으로 옮길 수 없는 여러 가지 다른 종류의 작품들까지 총망라한 가상의 박물관을 의미한다.

14 라 브뤼예르Jean de La Bruyère(1645~1696)는 프랑스의 모럴리스트로 손꼽힌다. 대표적인 저서 《성격론Les Caractères》에서 온갖 인물들의 잡다한 여러 일상적 행위들을 그대로 재현하는 방법 대신 여러 특징들을 하나로 짜 맞추는 방법을 사용해 17세기의 시대상을 묘사했다.

15 (옮긴이주) 발롱Henri Wallon(1879~1962)은 프랑스의 철학자이자 심리학자, 신경정신병 학자로, 프로이트의 형이상학적 심리학에 반대해 발생론적·변증법적·유물론적 심리생물학을 정립했다. 특히 어린아이의 심리 발달 과정을 단계별로 나누고, 한 단계가 완전히 달성되어야만 다음 단계로 넘어가면서 점진적인 발전이 이루어진다고 보는 피아제Jean Piaget에 반대해, 각 단계는 복잡하고 불연속적인 방법으로 서로 중첩되고 얽혀 있다는 주장을 펼쳤다. 즉 각각의 단계는 분리되어 있는 것이 아니라 과거와 미래에 걸쳐 서로 연결되어 있으므로, 심리의 발달이나 정신 장애에는 생물학적 요인뿐만 아니라 사회적 요인도 크게 작용한다는 것이다.

16 André Malraux, Le Musée imaginaire, 59쪽. 《예술심리학》, 《침묵의 목소리》(édit. Gallimard)의 결정판에 이미 출판되었던 내용이다. 여기에서는 스키라Skira 판을 인용했다.

17 (옮긴이주) 샤르댕Jean-Baptiste-Siméon Chardin(1699~1779)은 18세기를 대표하는 프랑스 정물·풍속 화가로, 짜임새 있는 구성과 견고한 색채의 미묘한 농담 변화를 이용해, 단순한 부엌용 정물들과 서민 가정의 소박하고 평온한 시정을 부드럽고 심오하게 그려냈다. 대표작으로는 〈장을 보아온 여인〉, 〈식전의 기도〉 등이 있으며, 만년에 파스텔로 그린 〈자화상〉과 〈아내의 초상〉도 유명하다.

18 (옮긴이주) 브라크Georges Braque(1882~1963)는 피카소Pablo Picasso와 함께 입체주의를 창시하고 발전시킨 프랑스 화가로, 세잔Paul

Cézanne의 구축적인 작품에서 영향을 받아, 대상을 해체·분석하고 여러 시점에서 본 것을 평면에 재구성하는 분석적 입체주의를 완성시켰다. 하지만 이로 인해 대상이 지나치게 파편화되고 주변 공간과 섞여서 객관적 실재성을 잃게 되자, 시각적 환영을 피하고 실재성을 회복하기 위해 파피에 콜레papier collé 작업을 통해 종합적 입체주의를 전개했다. 피카소와는 달리, 입체주의의 가능성을 계속 연구하면서 초기에는 풍경을 즐겨 그렸는데, 피카소의 풍경화가 기하학적이면서 조각적이라면, 브라크의 풍경화는 좀더 회화적이라고 할 수 있다. 중기 이후에는 정물, 실내, 인물 등을 주로 그렸으며 대표작으로는 〈레스타크의 집들〉, 〈바이올린과 팔레트〉, 〈포르투갈인〉, 〈과일 접시와 유리잔〉 등이 있다.

19　André Malraux, *Le Musée imaginaire*, 79쪽.

20　André Malraux, *Le Musée imaginaire*, 83쪽.

21　André Malraux, *La Monnaie de l'absolu*, 118쪽.

22　André Malraux, *La Création esthétique*, 144쪽.

23　(옮긴이주) 세잔(1839~1906)은 대상의 본질과 형태의 근원에 관심을 두었던 프랑스 후기 인상주의의 대가다. 엑상프로방스에서 태어났고, 자신의 재능을 알아본 중학교 시절의 친구 에밀 졸라Émile Zola의 권유로 파리에 와 아카데미 스위스에 등록하면서 본격적으로 화가의 길을 걷기 시작했다. 초기에는 폭력적이며 낭만적인 주제에 극적 효과를 주기 위해 어둡고 격렬한 색채를 이용한 〈살인〉(1870) 같은 작품을 주로 그렸다. 하지만 피사로Camille Pissarro와 함께 작업하면서부터는 상상적인 주제에서 조금씩 벗어나 자연에 관심을 두기 시작했고, 밝아진 색채로 인상파적인 분할 터치가 인상적인 〈목맨 사람의 집〉(1872~1873) 같은 작품을 남기기도 했다. 그러나 세잔은, 순간적인 인상을 그려낸 인상주의 화가들의 그림에서

는 대상의 형태가 너무나 유동적이어서 회화의 본질이 결핍되어 있다고 판단했으며, 대상 간의 상호 관계에서 얻어진 색채에 의해 끊임없이 견고한 형태를 잡아내는 조형적 질서를 추구해야 한다고 생각했다. 이를 위해 세잔은 전통적인 원근법과 명암을 포기하고, 우리 감각의 자발적인 조직을 통해 드러나는 인상을 대상이 지닌 형태와 반사 빛에 가까운 색에서 찾아냄으로써, 마치 대상 내부에서 빛이 발산하는 것처럼 보이게 했다. 따라서 1870년과 1890년 사이의 그림들, 특히 〈사과 바구니가 있는 정물〉에서 나타나는 형태의 왜곡은 오히려 자연스러운 지각의 결과라고 할 수 있다. 메를로 퐁티는 작가론이자 예술론인 〈세잔의 회의Le doute de Cézanne〉(1945)에서 대상에 대한 원초적인 지각 체험을 통해 존재의 리얼리티를 추구한 세잔의 작업에 대해 논하면서, 형태의 왜곡은 자연스러운 봄Vision의 결과인 동시에 임의적이지 않은 존재 탐구의 결과이고, 색채의 결과로서 생겨나는 윤곽선은 대상의 밀도와 깊이를 보여준다고 분석했다. 그는 특히, 세잔이 말년에 그린 〈생트빅투아르 산〉 연작을 보면 화가의 내면에서 나온 자연이 틈 없는 '살'의 깊이로 침잠하는 채색의 결과가 잘 드러나 있다고 분석했다.

24 (옮긴이주) 클레Paul Klée(1879~1940)는 스위스의 화가다. 독일에서 수학한 피카소, 들로네Robet Delaunay 등과 사귀면서 입체주의의 영향을 받았고, 칸딘스키Wassily Kandinsky, 마르케Alber Marquet와 친분을 맺으면서 독일의 '청기사靑騎士' 운동에 참여했으며, 바우하우스의 교수를 역임했다. 1925년에는 파리에서 첫 개인전을 열었고 초현실주의 그룹 전시회에도 참여했다. 클레는 눈에 보이는 세계를 선과 부드러운 색채로 기호화해서 자유로운 상상의 세계를 그려낸 것으로 유명한데, 굵은 선으로 구분한 곳을 색 면으로 구성한 그의 말년 작품들은 추상 미술의 전형이 되었다. 회화 외에《현대 미술을

찾아서》 같은 회화에 관한 책도 남겼다. 메를로 퐁티는 그에게 있어서 선은 단지 가시적인 것을 모방하기 위한 원리가 아니라, 존재를 가시적으로 만들어주는 발생의 원리라고 규정했다.

25 André Malraux, *Le Musée imaginaire*, 63쪽.

26 (옮긴이주) 보들레르(1821~1867)는 프랑스의 고답파 시인이자 비평가다. 자유분방하고 격렬한 성격의 소유자로 전통적이고 도덕적인 주제와는 완전히 단절하고 인간의 본능 속에서 꿈틀거리는 악마적·외설적인 것을 소재로 삼았지만 자신의 감정을 직접적으로 드러내는 낭만주의의 부자연스러운 한계를 비판하고, 암시와 음악적 효과를 극대화하는 상징적인 시작詩作의 힘을 주장했다. 들라크루아Ferdinand Victor Eugène Delacroix와 쿠르베Gustave Courbet를 비롯한 당대의 많은 화가들과의 교류는 그의 그림에 대한 지식과 예술 비평에 독창성을 부여해주었다. 또 그는 에드거 앨런 포Edgar Allan Poe의 작품을 번역하면서 비평가로서의 명성을 떨쳤다. 주요 시집으로는《악의 꽃Les Fleurs du mal》과《파리의 우울Le Spleen de Paris》이 있고, 신문, 잡지에 게재한 미술 비평으로는《1859년 미술전Salon de 1859》,《현대 생활을 그리는 화가Le Peintre de la vie moderne》 등이 있다.

27 (옮긴이주)《파르마의 수도원Chartreuse de Parme》은 1839년에 출간된 프랑스 작가 스탕달Stendhal의 장편소설이다. 스탕달은 프랑스의 현실을 사회 풍속이 아닌 주인공의 눈과 내적 독백을 통해 묘사하고자 했다. 말년의 걸작《파르마의 수도원》은 이탈리아를 배경으로 주인공 파브리스가 행복 추구를 위해 일체의 도덕적 고려를 떠나 자유롭게 정열과 욕망을 펼치는 이야기로 50여 일 만에 완성되었다.

28 (옮긴이주) 고흐Vincent Van Gogh(1853~1890)는 후기 인상주의를 대표하는 네덜란드 화가로, 기독교 집안에서 태어나 전도사로서 선

교 활동을 하다가, 밀레Jean François Millet의 작품에 담긴 교훈저 의미에 감명을 받아서 1880년 뒤늦게 화가의 길로 들어섰다. 초기에는 주로 〈감자 먹는 사람들〉처럼 네덜란드 농촌의 풍경과 농부들의 모습을 통해 고된 노동의 경건함을 어두운 색조로 표현했다. 그러나 화상畵商으로 일하는 동생 테오의 도움으로 파리로 옮겨온 뒤, 인상파 화가들과 어울리고 일본 판화의 영향을 받으면서 밝고 다양해진 점묘풍의 색채를 사용하기 시작했다. 그중에서도 특히 〈페르 탕기의 초상〉은 인상주의에서 벗어나 자기만의 독자적인 스타일을 탐색하기 시작한 과도기적 작품이라 할 수 있다. 이후 그는 도시 생활에 염증을 느껴 좀더 밝은 태양을 좇아 1882년에 프랑스 남부의 아를로 옮겨갔는데, 이때부터 색을 자신의 주관적인 감정을 강렬하게 표현하는 데 사용하기 시작했다. 이곳에서 그는 〈해바라기〉 연작, 〈아를의 카페〉 등을 그렸다. 그토록 기대했던 고갱Paul Gauguin과의 동거가 잦은 말다툼으로 위기에 처하자, 그는 결국 1888년 크리스마스 이브에 신경과민으로 발작을 일으켜 자신의 귀를 잘랐고, 이 바람에 생레미 정신 병원에서 1년간 요양 생활을 하게 되었다. 여기에서 그는 격렬하게 소용돌이치는 표현주의적인 붓질로 〈별이 빛나는 밤에〉 같은 명작을 남겼다. 동생 테오가 파리 근교의 유명한 정신과 의사인 폴 가셰에게 데려가 치료를 받게 해보았으나, 결국 그는 자살로 비극적인 생을 마감하고 만다. 고흐는 색채를 대상 자체로 보기보다는 자신의 고독하고 절망적인 삶에서 비롯된 내면의 비극적인 감정을 표현하는 데 주관적으로 사용함으로써 표현주의의 선구자라는 평가를 받고 있다.

29 André Malraux, *La Création esthétique*, 51쪽.

30 André Malraux, *La Création esthétique*, 154쪽.

31 André Malraux, *La Création esthétique*, 154쪽.

32 André Malraux, *La Création esthétique*, 158쪽.

33 André Malraux, *La Création esthétique*, 152쪽.

34 Jean Paul Sartre, *Situation II*, 61쪽.

35 Jean Paul Sartre, *Situation II*, 60쪽.

36 (옮긴이주) 르누아르Pierre August Renoir(1841~1919)는 자연보다
는 인물 표현을 통해 색채 분할을 시도한 프랑스 인상주의 화가다.
그는 국립미술학교에서 정식으로 미술 공부를 시작해 모네Claude
Monet, 시슬레Alfred Sisley와 친분을 맺으면서 인상주의에 관심을 가
지기 시작했고, 틈이 날 때마다 루브르 박물관 등을 방문해 대가들
의 작품을 연구하곤 했다. 초기에는 주로 쏟아지는 햇빛 속에서 즐
거운 축제를 즐기는 군중의 무리들을 그려서 여러 차례 인상파전에
도 출품했지만, 외광 아래의 작업이 견고한 형태와 구성을 해친다
고 생각해, 1879년 이후부터는 인상주의 동료들과 점차 멀어지게
되었다. 이탈리아를 여행한 후에는 단순명료한 고전주의 양식을 새
롭게 적용해 잃어버렸던 형태와 볼륨을 되찾았고, 주로 적색, 오렌
지색, 황색과 같은 따뜻하고 풍요로운 색채를 사용해 여성의 몸을
풍만하고 관능적인 것으로 그려냈다. 말년에는 조각가 마이욜Aristid
Maillol과 친분을 맺으면서 조각 작품을 제작하기도 했다. 대표작으
로는 〈목욕하는 여인들〉, 〈물랭 드 라 갈레트〉, 〈피아노 앞에 앉은
소녀들〉, 〈나부〉 등이 있다.

37 André Malraux, *La Création esthétique*, 113쪽.

38 André Malraux, *La Création esthétique*, 142쪽.

39 (옮긴이주) 《일뤼미나시옹*Illuminations*》은 프랑스 상징파 시인인 랭
보Arthur Rimbaud(1854~1891)의 1874년 작품이다. 격렬한 영혼의
소유자로 파격적인 삶을 살았던 랭보는, 모든 전통적인 지적·도덕
적 규칙을 거부하고 견자(見者)voyant가 되고자 했다. 그는 산문시집

《일뤼미나시옹》에서 기존의 서술적이고 묘사적인 표현 양식을 해체하고 자유로운 영상들을 결합함으로써, 시란 아름다움보다는 원초적인 미지의 세계, 혹은 영혼의 상태를 탐색해야 한다는 것을 보여주었다. 이 밖에도 〈모음Voyelles〉, 〈취한 배Le Bateau ivre〉, 〈지옥에서 보낸 한 철Une Saison en enfer〉 등의 작품을 남겼다.

40 André Malraux, *La Monnaie de l'absolu*, 125쪽.

41 (옮긴이주) 사르트르Jean Paul Sartre(1905~1980)는 프랑스의 대표적 실존주의 철학자이자 작가로, 평생 마르크스주의와 실존주의를 화해시키는 데 전념했다. 그의 철학의 기본 명제는 '실존은 본질에 앞선다'와 '모든 인간은 죽음에 대한 자각을 통해 삶을 재구성하려고 시도하는 기투企投를 가지며 스스로 자유로울 책임이 있다' 등으로 요약된다. 그의 대표작으로는 《구토La Nausée》, 《존재와 무L'Être et le Néant》, 《상상적인 것L'Imaginaire》, 《파리 떼Les Mouches》, 《말Les Mots》 등이 있다. 프랑스의 합리론적인 철학 풍토 속에서 현상학적인 태도로 새로운 길을 모색하던 사르트르와 메를로 퐁티는 고등사범학교 시절부터 우정을 쌓아오다가, 1941년 레지스탕스 단체인 '사회주의와 자유'에 함께 가입하면서 본격적으로 같은 길을 걷기 시작한다. 사르트르는 초기에는 후설Edmund Husserl의 초월적 자아를 거부하고, 의식은 세계를 구성하는 것이 아니라 지향하는 것이기 때문에 이미 존재하는 세계를 발견해야 한다는 대상 중심의 실존주의적 현상학을 내세웠으나, 나중에는 주관 중심의 철학으로 선회해 결국 세계는 자아에 의존하게 된다는 관념론적 색채를 띠게 되었다. 메를로 퐁티는 처음에는 사르트르의 실존주의적 현상학에 영향을 받았으나, 1945년 사르트르와 함께 《현대》를 발간하면서부터 초기의 대상 중심적 철학에 대한 이견으로 여러 차례 갈등을 겪었으며, 1952년에는 마침내 마르크스주의에 대한 정치적 견해 차이

로 그와 갈라서고 만다. 결별의 결정적인 원인은, 메를로 퐁티가 사르트르의 실존철학에 대해 비판한 데 있었다. 사르트르는 《존재와 무》에서 존재를 의식할 수 없는 불투명한 물질적 존재인 '즉자 존재'와 의식할 수 있는 투명한 '대자 존재'로 양분하고, '실존'이란 대자적 의식이 스스로를 부정함으로써 자기 자신을 뛰어넘는 초월성이라고 규정하면서 오직 실존을 통해서만 비로소 절대적 자유를 누릴 수 있다고 역설했는데, 메를로 퐁티가 이에 대해 반론을 제기한 것이다. 메를로 퐁티는 사르트르의 존재 해석에서 현상학적 서술과 존재론 간의 모순을 발견하고, 존재를 즉자 존재와 대자 존재로 나눈 사르트르의 이분법을 비판했다. 특히 그는 대자적 의식은 완전하게 초월될 수 없고, 실존은 즉자 존재와 대자 존재의 상호 긴장 관계 속에서만 가능하다고 주장했다. 또 사르트르가 말한 실존의 절대적 자유란 주체가 완벽하게 하나의 세계를 구성할 수 있다는 전제 하에서만 가능한데, 이는 즉자 존재와 대자 존재 사이의 상호 작용을 배제한 채 대자 존재만이 구성적 작용을 할 수 있다고 인정한 것이므로, 사르트르의 실존주의는 여전히 주관 중심적인 색채를 벗어나지 못했다고 강조했다. 메를로 퐁티는 삶을 살고 있는 몸의 실존이란 언제나 불완전하기 때문에 자유와 운명, 우연과 필연이 정확하게 구별될 수 없고, 주체는 스스로 삶이나 세계를 완벽하게 구성할 수 없으므로 실존은 자유와 운명, 우연과 필연 사이의 긴장으로 야기된 실존적 상황에 좌우된다고 보았다.

42 (옮긴이주) 바슐라르Gaston Bachelard(1884~1962)는 프랑스의 과학 철학자이자 문예 평론가로, 이질적인 것들이 가져다주는 보완적인 긴장감에 대해 관심을 갖고서 과학적 인식과 시적 상상력을 연계시키는 사상을 전개했다. 그는 질료적 물질성에 근거한 연금술적 상상력이 야기하는 창조적 인식의 중요성을 강조하고, 자연과 인간의

본원적 연관성을 확인하기 위해 노력했다. 주요 저서로는《불의 정
신분석La Psychanalyse du feu》,《공기와 꿈L'Air et les songes》,《공간의 시학
Poétique de l'espace》,《촛불의 미학La Flamme d'une chandelle》 등이 있다.

43 (옮긴이주) 스탕달(1783~1842)은 프랑스 낭만주의시대 소설가로,
본명은 마리 앙리 베일Marie-Henri Beyle이다. 7세 때 각별히 사랑했
던 어머니를 잃고 독선적이며 위선적인 환경 속에서 자라면서 위
선에 대한 반항을 키웠다. 우울한 어린 시절을 보낸 스탕달은 나폴
레옹이 권좌에 오르면서 이탈리아, 러시아 원정에 함께 참여하게
되는데, 이탈리아에서 맛보게 된 자유와 사랑, 예술에 대한 체험이
그의 삶에 결정적인 영향을 끼쳤다. 이를 계기로 정열과 영웅주의
로 가득 찬 낭만주의자로 접어들게 된 그는《연애론De l'amour》,《라
신과 셰익스피어Racine et Shakespeare》,《아르망스Armance》,《적과 흑Le
Rouge et le noir》,《파르마의 수도원》 등 인간의 야심과 정념을 다룬 작
품을 주로 썼는데,《적과 흑》이 가장 걸작으로 꼽힌다. 그는 이 소설
에서 자신의 모습을 투영한 주인공 쥘리앙 소렐을 앞세워, 인간을
능력이 아니라 가문이나 재산 같은 배경에 의해 판단하는 위선적인
사회를 고발하고 변혁을 촉구했다.

44 (옮긴이주) 할스Frans Hals(1580~1666)는 17세기 네덜란드의 대표
적인 초상화가다. 당시 네덜란드에서는 종교 개혁으로 인해 신교도
가 증가하고 상업 도시가 발달하면서 종교화宗敎畵보다는 초상화,
풍속화, 정물화 등이 발전했다. 할스 역시 주로 개인이나 집단의 초
상화를 그렸는데, 특히 집단 초상화에서 탁월한 화면 구성력과 인
물에 대한 뛰어난 성격 묘사를 보여주었다. 그는 마치 스냅 사진을
찍는 것처럼 순간적으로 자연스러운 표정을 잡아 고정시키고, 분방
한 붓질로 인물을 사실적으로 그려냄으로써 초상화의 대가라는 평
가를 받았다. 말년에는 지금의 할스 미술관이 된 하를렘 양로원에

서 살았다. 대표작으로는 〈성 조지 시민 군단 장교들의 연회〉, 〈얼큰
히 취한 술꾼〉, 〈피터 반 덴 브루케 초상〉 등이 있다.

45 André Malraux, *La Création esthétique*, 150쪽.

46 (옮긴이주) 들라크루아(1798~1863)는 프랑스의 낭만주의 화가로,
자유와 감성과, 독창성을 추구하는 낭만주의적 세계 속에서 보들
레르, 쇼팽과 친분을 맺었으며 문학이나 감동적인 역사적 사건에서
회화의 소재를 찾았다. 특히 강렬한 색채 대비와 활기찬 붓놀림에
상상력을 더해, 폭력적이고 이국적이면서도 정열적인 이미지를 그
려냈다. 대표작으로는 〈키오스 섬의 학살〉, 〈메솔롱기온 폐허 위에
일어선 그리스〉, 〈민중을 이끄는 자유의 여신〉, 〈사르다나팔루스의
죽음〉 등이 있다.

47 (옮긴이주) 앵그르Jean Auguste Dominique Ingres(1780~1867)는 프랑
스의 신고전주의 화가다. 당시 프랑스에서는 대혁명 이후의 퇴폐적
이고 향락적인 예술과 도덕성을 바로잡기 위해 고전주의의 합리적
이성으로 명료한 조화를 추구하는 고전주의 양식이 발전했는데, 이
러한 신고전주의 사조는 나폴레옹 제정 시대에 자리를 잡기 시작해
다비드Jacques Louis David에 이르러 공식화되었다. 앵그르는 다비드
의 제자로, 주로 남성의 몸을 영웅적으로 이상화한 다비드와 달리,
고전적인 엄격한 절제와 형식으로 여성의 누드를 에로틱하고 이국
적으로 표현하는 데 주력했다. 대표작으로는 〈발팽송의 목욕하는
여인〉, 〈오달리스크 대작〉, 〈터키 목욕탕〉 등이 있다.

48 (옮긴이주) 아우구스티누스Aurelius Augustinus(354~430)는 로마 제
국 말기에 신플라톤주의와 기독교 교리에 입각해 믿음과 이성을 종
합함으로써 신학을 완성한 교부철학자다. 기독교 신앙에 방해가 되
는 회의론자들의 의심을 없애기 위해서 어느 누구도 결코 의심할
수 없는 '나는 생각한다, 고로 존재한다cogito ero sum'라는 명제를 찾

아내 이를 철학의 제1원리로 삼고, 이 명제가 확실한 보편적 진리로 자리 잡도록 하기 위해서 이는 개인에게서 유래한 것이 아니라 전능한 그리스도가 가르쳐준 것이라고 주장했다. 따라서 아우구스티누스의 '코기토'는 신의 존재를 확증하는 출발점이라고 할 수 있다. 반면 후대의 데카르트René Descartes에게 있어서 '코기토'는 신으로부터 독립된 '사유하는 주체'이자, 명석 판명한 지식에 이르기 위한 출발점이자, 그의 합리론 사상의 중심이 되는 인식론적 주체다.

49 (옮긴이주) 아롱Raymond Aron(1905~1983)은 프랑스의 사회학자이자 저널리스트로, 《피가로Le Figro》와 《렉스프레스L'Express》의 칼럼니스트로 활동하기도 했다. 사르트르와 절친한 사이였지만 사르트르와 마르크스주의자들이 소련을 무조건 지지하는 것을 마르크스와 베버 연구를 통해 스탈린적 마르크스주의를 비판했으며, 샤를 드골을 주도적으로 비판했다. 또한 몽테스키외Montesquieu와 토크빌Alexis de Tocqueville에 대한 재평가를 시도했다. 저서로는 《지식의 아편L'Opium des intellectuels》, 《역사철학 입문Introduction à la philosophie de l'histoire》, 《사회학 사상의 발전 단계Les Étapes de la pensée sociologique》 등이 있다.

50 (옮긴이주) 발레리Paul Valéry(1871~1945)는 프랑스의 시인이자 비평가다. 위고Victor Hugo와 보들레르의 영향을 받아 13세부터 시를 쓰기 시작한 발레리는 인간의 지성 작용에 관심을 가졌고, 격정적이지 않은 사색적인 태도와 수학적인 추상 방식으로 심적 현상을 연구했으며, 말라르메에게 배운 작시법을 응용해 감수성이 풍부한 시를 썼다. 주요 작품으로는 〈젊은 파르크La Jeune Parque〉, 〈매혹Charmes〉 등의 시와 〈레오나르도 다 빈치의 방법 서설Introduction de la méthode de Léonarde de Vinci〉, 〈테스트 씨와의 하루 저녁La soirée avec M. Teste〉 등의 에세이, 그리고 《바리에테Variétés》, 《현대 세계의 고찰

Regards du monde actuel》등의 평론집이 있다.

51 (옮긴이주) 페기Charles Péguy(1873~1914)는 프랑스의 시인으로, 《잔 다르크*Jeanne d'Arc*》로 문학 활동을 시작했다. 기독교사회주의자 이기도 한 페기는 1900년에 《반월 수첩*Cahiers de la Quinzaine*》을 창간해 사회주의적이고 혁명적인 사상을 펼쳤고, 종교적 신비를 전하는 《잔 다르크의 자비의 신비*Le Mystère de la charité de Jeanne d'Arc*》를 통해 기독교적 신앙과 영감을 표현했다. 이 밖에도 《돈*L'Argent*》, 《이브 *Eve*》등의 작품을 남겼다.

52 (옮긴이주) 베르메르Jan Vermeer(1632~1675)는 네덜란드의 장르 화가로, 주로 가정의 일상적이고 고요한 실내 경정을 정물처럼 집요하게 탐색해 밝은 빛의 흐름과 색의 조화를 통해서 정확하고 부드럽게 표현해냈다. 일상에 몰두하는 인물들을 성찰하면서 보이지 않는 정적의 에너지를 직조해낸 대가로 평가받고 있다. 주요 작품으로는 〈델프트의 조망〉, 〈부엌의 하녀〉, 〈레이스 짜는 소녀〉, 〈회화의 우의〉, 〈진주 귀고리 소녀〉 등이 있다.

53 (옮긴이주) 뷔유맹Jules Vuillemin(1920~2001)은 프랑스의 철학자로 클레르몽페랑 대학과 콜레주 드 프랑스의 교수를 역임했고, 논리학, 시학, 형이상학, 사회철학에 걸쳐 다수의 책을 썼으며, 러셀, 하이데거, 칸트의 철학에 대한 연구서도 저술했다.

54 (옮긴이주) 프로이트는 레오나르도 다 빈치Leonardo da Vinci의 유아기에 대한 사전 지식 없이는 그의 그림 〈성 안나와 성 모자〉(1508~1510)를 이해할 수 없다고 설명한다. 프로이트는 자신의 저서 《레오나르도*Leonardo*》에서 자신의 생애에서의 어머니의 역할과 관련된 자기분석을 레오나르도에게 투사한 뒤, 사생아로 자란 유년기부터 성격 형성에 이르기까지 레오나르도라는 인물을 전반적으로 재조명했다. 프로이트는 성숙한 레오나르도의 정신 세계를 이해하는 단

서로서 레오나르도의 '유년기 기억', 즉 '레오나르도가 요람에 누워 있을 때 독수리 한 마리가 꼬리로 그의 입을 열고 입술을 여러 번 친 일'을 인용하면서, 이것은 젖을 빨고 싶은, 혹은 열정적인 키스의 황홀한 쾌감을 일깨워준 어머니의 뜨거운 애무로 회귀하고 싶은 욕망, 즉 구강기의 쾌감을 맛보고 싶은 욕망의 반영이라고 분석했다. 프로이트는 여기에서 독수리는, 독수리의 머리를 가지고 처녀 생식을 하는 무트Mut라는 모성신에 대한 레오나르도의 환상이 반영된 것인 동시에 어렸을 적 그를 버린 아버지를 제거하는 행위라고 해석했다. 또 〈성 안나와 성 모자〉 그림에 두 명의 어머니가 등장하는데, 그 가운데 한 명은 마리아의 어머니인 성 안나로, 레오나르도의 나이 세 살 때부터 아버지 집으로 가기 전인 다섯 살 때까지 그를 길러준 생모 카타리나를 재현한 것이고, 마리아는 계모를 재현한 것이며, 아기 예수는 레오나르도 자신이라고 분석했다. 요컨대, 레오나르도가 독수리를 자신과 동일시하면서, 아버지 없이 어머니와 단둘이 살고 싶은 소망, 즉 '가정 로맨스'를 드러내고자 했다는 것이다.

55 (옮긴이주) 프로이트는 성감대가 인격 발달에 중요한 의미를 가진다는, 성 본능에 대한 분석을 제시했다. 그는 흥분되기 쉬운 부위로서 자극하면 쾌감이 따르는 성감대를 입, 항문, 성기로 나누고, 생후만 다섯 살까지를 성기 전기, 즉 구강기, 항문기, 남근기로 구분했으며, 이때의 성 본능은 자기애적인 특징을 띤다고 규정했다. ① 구강기 : 입 안에 음식물이 들어오면 성적 쾌감을 느끼게 되며, 음식을 씹을 때의 쾌감은 공격 본능의 쾌감을 주면서 성격의 일부로 발전한다. ② 항문기 : 소화기를 거친 음식 폐기물을 항문을 통해 배설하면서 느끼는 쾌감은, 격정, 화풀이, 분노와 같은 감정적 배설의 쾌감처럼 심리적 원형이 된다. 또 이 시기에 이루어지는 배변 훈련은 어

린아이에게서 내적 본능과 외적 금지 간의 갈등을 유발해 인격 형성에 큰 영향을 미친다. ③ 남근기 : 성기 부위를 만지거나 자극하면 감각적 쾌감이 따른다. 이처럼 성기에 신경을 쓰는 반발기를 남근기라고 하는데, 이 시기는 생식기의 차이에 따라 두 가지로 나누어진다. 남아는 남근기를 거치는데, 이때 아이는 어머니를 성적으로 독점하고 아버지에 대해 적개심을 가지는 오이디푸스 콤플렉스를 겪지만, 아버지가 자신의 성기를 잘라내지 않을까 하는 거세 공포증에 시달리기 때문에 쉽게 억압당한다. 반면 여아는 음핵기를 거치는데, 이때 아이는 자신에게는 없는 기관을 가진 아버지를 좋아하는, 남근 선망 심리를 가지게 된다. 남근 선망과 거세 공포증은 남근기에 나타나는 중요한 현상으로, 이 둘을 합쳐서 거세 콤플렉스라고도 한다.

56 프로이트는 자신이 독수리를 통해 레오나르도 다 빈치를 설명했다고 결코 말하지 않았다. 분석이 대개 그의 그림에 한정되어 있다고 말했을 뿐이다.

57 André Malraux, *Le Musée imaginaire*, 52쪽.

58 이것은 폴 리쾨르Paul Ricoeur의 표현이다.

59 (옮긴이주) 클로델Paul Claudel(1868~1955)은 프랑스의 상징주의 작가다. 그는 독실한 가톨릭 신자답게 신비스럽고 종교적인 내적 체험을 소재로 삼아 성서적인 내용의 시를 많이 썼는데, 이 시들은 구문을 해체하고 불규칙한 길이의 모음 압운을 사용해 난해한 것이 특징이다. 주요 작품으로는 〈5대 송가Cinq Grandes odes〉, 〈성자 찬가 Feuilles de Saints〉, 〈마리아에의 알림L'Annonce faite à Marie〉 등이 있다.

60 Georg Wilhelm Friedrich Hegel, 《법철학 강요》, §118.

61 Georg Wilhelm Friedrich Hegel, 《법철학 강요》, §118.

62 Georg Wilhelm Friedrich Hegel, 《법철학 강요》, §118.

63　(옮긴이주) 메를로 퐁티는 유기체와 환경의 관계가 직접적이지 않고 순환적이면서 변증법적인 관계를 갖는다고 보았는데, 이와 같은 현상학적 변증법은 마르크스와 헤겔의 변증법을 비판적으로 수용한 것이다. 메를로 퐁티의 변증법은 정과 반이 합을 지향하는 마르크스적 변증법도, 절대적인 이성으로 귀환하는 헤겔식의 논리적인 변증법도 아니다. 그의 변증법은 모호하고 불투명한 세계를 향한 몸의 실행 속에서 종합되지 않고 끊임없이 발생하는, 열려 있는 실존의 변증법 체계로, 지각 체험의 우연성을 내포하고 있다. 이 같은 현상학적 변증법에서 말하는 통일성은, 현재까지도 계속 진행 중인 갱신을 포함하고 있기 때문에 결코 종합되지 않는 개방적 통일성을 의미한다. 메를로 퐁티의 변증법은 마르크스와 헤겔의 변증법이 역사의 실천적 논리에서 간과한 지각 체험의 우연성을 변증법 논리 안에 복원시켜서, 정형화된 형태로 전개되지 않고 결코 종합되지도 않는 의미의 개방성을 열어놓았다. 늘 새롭게 생기는 개방적 의미가 의미의 다양성을 보증하면서 세계의 역사성을 가질 수 있게 해주는 것이다. 따라서 메를로 퐁티는 역사를 절대 정신으로의 종합이라고 보는 헤겔의 철학에 대해 역사의 개방성을 포기한 관념론적 역사철학이라고 비판한다. 그는 역사란 절대 정신 같은 초월적 원리를 전개시키는 것이 아니라 인간의 변증법적인 실천적 행위의 총체적인 표현이라고 설파하면서, 역사에서 변증법을 재조명하려고 했다.

64　(옮긴이주) 발자크Honoré de Balzac(1799~1850)는 프랑스의 낭만주의 시대 소설가이지만, 19세기 부르주아 사회의 원리와 인간성의 문제를 풍부하고 상세하게 다루기 위해 등장인물을 둘러싸고 있는 환경의 특성을 자세히 묘사하고, 당시 사회를 살았던 인간의 전형을 그려냈기 때문에 사실주의의 선구자로 불린다. 그의 주요 소설

들에는 '인간 희극'이라는 종합적 제목이 붙어 있는데,《외제니 그
랑데*Eugénie Grandet*》,《고리오 영감*Le Père Goriot*》,《환멸*Les Illusions per-
dues*》,《사촌누이 베트*La Cousine Bette*》 등이 그에 속한다.

65 (옮긴이주) 파스칼Blaise Pascal(1623~1662)은 프랑스의 수학자, 물
리학자, 철학자로, 확률론을 창시하고 '파스칼의 원리'를 발견했다.
다방면에 뛰어난 재능을 가진 파스칼은, 당시 프랑스에서 벌어진
신앙 논쟁에서 예수회가 얀센주의자들을 맹렬히 공격하자, 예수회
의 비양심적인 윤리관과 타락한 도덕을 신랄하게 비판하는 18편의
익명의 서한을 담은《시골 친구에게 보내는 편지*Les Provinciales*》를
썼다. 이 책은 로마 가톨릭 교회의 금서 목록에 올랐으나, 훗날 프랑
스어 문체 형성에 큰 영향을 끼쳤다. 파스칼은 과학적 사고 방법의
한계를 인식하고 인간의 본질을 이해하기 위한 여러 가지 사색 방
법을 모색한 사상가이자, 실천적 도덕을 추구한 현대 가톨릭의 선
구자로 평가받고 있다. 주저로는《시골 친구에게 보내는 편지》 외
에 영성에 관한 글인《팡세*Pensées*》가 있다.

66 (옮긴이주) 보부아르Simone de Beauvoir(1908~1986)는 현대 프랑스
를 대표하는 여성 문학가이자 철학자로, 소르본 대학에서 철학을
공부하면서 만난 사르트르와 평생 동반자 관계를 이어갔다. 보부아
르는 사르트르가 창간한 잡지《현대》에서 같이 일하면서 실존주의
문학 운동에 적극적으로 참여하고, 인간의 실존주의적 문제들을 다
룬 작품을 썼다. 1943년에 첫 번째 소설《초대받은 여인*L'Invitée*》을
발표했고, 이후 내놓은《제2의 성*Le Deuxième Sexe*》으로 유명세를 타
기 시작했다.《제2의 성》은 불평등하게 취급받던 여성의 문제를 철
학적·사회적·생리학적 분석을 통해 심도 있게 고찰한 전 세계 페미
니즘 운동의 지침서가 되었다. 그녀는 평생 글과 삶을 통해서 여성
의 자유를 얻고자 노력한 여성 운동가이기도 했다. 이 밖의 주요 저

서로는 콩쿠르상을 받은 《레 망다랭*Les Mandarins*》이 있다.

67 Maurice Merleau-Ponty, 《지각의 현상학*La Phénoménologie de la perception*》(Paris : Gallimard, 1945), 491쪽.

68 Maurice Merleau-Ponty, 《지각의 현상학》, 109쪽.

69 Maurice Merleau-Ponty, 《지각의 현상학》, 160쪽.

70 Maurice Merleau-Ponty, 《지각의 현상학》, 281쪽.

71 Maurice Merleau-Ponty, 《보이는 것과 보이지 않는 것*Le Visible et l'invisible*》(Paris : Gallimard, 1964), 321쪽.

72 Maurice Merleau-Ponty, 《보이는 것과 보이지 않는 것》, 192~193쪽.

73 Maurice Merleau-Ponty, 《보이는 것과 보이지 않는 것》, 309쪽.

74 Maurice Merleau-Ponty, 《눈과 정신*L'Œil et l'esprit*》(Paris : Gallimard, 1964), 21쪽.

75 Maurice Merleau-Ponty, 《보이는 것과 보이지 않는 것》, 280쪽.

76 Maurice Merleau-Ponty, 《보이는 것과 보이지 않는 것》, 316쪽.

77 Maurice Merleau-Ponty, 《눈과 정신》, 24쪽.

78 Maurice Merleau-Ponty, 《지각의 현상학》, 206쪽.

더 읽어야 할 자료들

포스트모더니즘이라는 담론이 유행하면서 리오타르Jean-François Lyotard 이후의 프랑스 철학자들이 주요 관심 대상으로 떠오르자 국내 학계에서는 이들의 저서들을 앞 다투어 번역하거나 연구했는데, 유독 메를로 퐁티의 저서는 별 관심을 끌지 못했다. 얼마 전까지만 해도 메를로 퐁티의 저서 가운데 번역이 된 것은, 오병남 교수가 메를로 퐁티의 예술에 관한 논문들을 편집해 번역한 《현상학과 예술》(1983), 권혁민 교수가 번역한 《의미와 무의미》(1985)가 고작이었다. 그러나 최근에 와서는 메를로 퐁티에 대한 관심이 부쩍 높아져, 2002년에 그의 대표작인 《지각의 현상학》이 류의근 교수에 의해 번역되었고, 2004년에는 그의 후기 사상이 담긴 《보이는 것과 보이지 않는 것》이 남수인 교수·최의영에 의해 번역되었으며, 얼마 전에는 공산주의에 대한 그의 정치철학을 알 수 있는 《휴머니즘과 폭력》이 박현모 교수에 의해 번역되었다. 이처럼 메를로 퐁티의 저서들이 우리나라에 제대로 소개되기 시작한 것이 최근의 일인 탓에 그에 대한 연구서도 국내 연구서든 번역서든 절판된 것을 빼고 나면 소개할 만한 것이 별로 없어서 아쉽다.

모리스 메를로 퐁티, 《보이는 것과 보이지 않는 것》, 남수인·최의영 옮김(동문선, 2004)

1961년에 사망한 메를로 퐁티가 마지막 2년 동안 집필한 미완성 유고 논문을 모아 1964년에 출판한 책이다. 완성되었다면 대작이 되었을 이 책은 새로운 존재론, 즉 '살'의 존재론에 대한 도입부에 해당하는 것으로, 이해하기는 쉽지 않지만 매우 중요한 내용들을 함축하고 있다. 이 책은 철학적 물음을 담은 '보이는 것과 자연', '부록'으로 구성되어 있으며, 주로 과학과 반성적 태도가 소홀히 다룬 선객관적 존재로서의 '살'에 대해 다룬다. 1부 '보이는 것과 자연'은 가시계의 불투명성에 대해 언급하는 '반성과 물음', '물음과 변증법', '물음과 직관', '얽힘-교차' 등의 장으로 이루어져 있다. 여기에서 메를로 퐁티는 '살'의 존재론적 특징을 '보면서 보이는' 몸의 가역성으로 규정하고, 말하면서 듣는 목소리의 가역성을 교차적 얽힘 관계로 설명한다. '부록'은 '선객관적 존재 : 유아론적 세계'와 '작업 노트'로 구성되어 있다. '작업 노트'에서는 메를로 퐁티가 자신의 사유를 논리적 체계에서 떠나 생생하게 기록한 흔적을 찾아볼 수 있으며, 보는 자아와 보이는 타인으로서의 몸, 프로이트의 의식과 무의식, 데카르트의 코기토, 사르트르의 실존 등에 대한 그의 숙고의 노고를 읽을 수 있다.

모리스 메를로 퐁티, 《의미와 무의미》, 권혁민 옮김(서광사, 1985)

이 책은 메를로 퐁티가 1945~1947년에 쓴 에세이들을 크게 예술학, 윤리학, 정치학이라는 주제로 나누어 편집한 것이다. 그의 예술론이라고 할 수 있는 1부는 〈세잔의 회의〉, 〈소설과 형이상학〉, 〈스캔들을 일으킨 작가〉, 〈영화와 새로운 심리학〉 등의 에세이로 구성되어 있다. 이 책에서 메를로 퐁티는 《지각의 현상학》에서 언급한 '지각'의 본질에 입각해 세잔, 보부아르, 사르트르의 작품을 분석하고, 예술이란 인간과 자연, 사물, 세계와의 선반성적先反省的 관계 속에서 나타나는 투명하지 않은 존재의 진동을 표현한 것이므로, 그 의미는 단 한 번에 결정될 수 없으며 암시적이라고 강조한다. 또한 철학이나 예술의 표현 역시 모호성을 띨 수밖에 없다고 전제하고, 영화는 사유되는 것이 아니라 지각되는 것이라고 주장한다. 우리의 시각 장場은 감각 장의 총합이 아니라고 주장하는 형태심리학에 입각해서, 영화는 연속되는 숏의 총계가 아니라 시간적인 게슈탈트이고, 숏의 연속은 편집을 통해 새로운 실재를 창조한다고 말하는 것이다.

2부는 〈헤겔에 있어서 실존주의〉, 〈실존주의 논쟁〉, 〈인간의 형이상학〉, 〈마르크스에 대하여〉, 〈마르크스주의와 철학〉으로 이루어져 있으며, 헤겔의 《정신 현상학》이 제시한 정신의 변증법적 자기 전개 과정에서 나타나는 유동적이고 끊임없이 발전하는 인간의 사회적 운동이라는 실존적 특징에 대해 언급한다. 메를로 퐁티는 이를 통해 역사란 기존의 논리체계로 고정될 수 없는 각 시대의 삶에 의해 좌우된다는 사실을 강조하고, 마르크스주의의 위대함은 경제를 역사의 유일하고 근본적인 원인으로 다룬 데 있는 것이 아니라, 역사의 하부 구조인 노동을 인간이 주위의 환경을 투사하고 자신의 자연적인 본성을 초월하는 행위로 본 데 있다고 지적한다. 이 밖에 메를로 퐁티는, 역사의 변증법적 원동력은 인간들 사이에서 벌어지는 상호 주관성을 구체적으로 실현하는 과정이라고 보는 사변철학에 반대한 마르크스주의를 일종의 실존철학으로 볼 수 있다고 주장하기도 한다.

끝으로 3부에는 〈2차 세계대전에 대하여〉, 〈진실을 위하여〉, 〈믿음과 성실〉, 〈영웅, 인간〉 등 정치에 대한 메를로 퐁티의 사유를 담은 글들이 실려 있다.

모리스 메를로 퐁티, 《지각의 현상학》, 류의근 옮김(문학과지성사, 2002)

메를로 퐁티의 초기 사상을 잘 보여주는 그의 주저로, 서론과 총 3부의 본문으로 구성되어 있다. 서론은 현상학이라는 철학적 태도의 출발점과 본질에 대해 개괄하고, 후설이 주장한 현상학의 사변적 특성에 대해 비판하며, 지각과 행위의 사유가 시작되는 현상적 장에 대해 기술한다.

1부는 우리의 고유한 몸에 관한 메를로 퐁티의 독창적인 사유들로 채워져 있다. 그는 여기에서 몸에 대한 기존의 생리학적·심리학적 해석을 비판하고, '몸의 지향성', '몸도식', '성적인 몸' 등 새로운 개념을 도입해 인과적인 규칙이나 순수한 원리로 환원될 수 없는 실존적인 삶을 살고 있는 몸의 표현적 특징에 대해서 기술한다.

2부에서는 세상과 인간을 연결하는 매개체로서의 몸에 대해 기술하고, 지각은 체험된 공간의 지평 속에서 대상을 향해 가는 우리 몸의 현재적 또는 잠재적인 움직임을 통해서만 가능하다고 기술한다. 지각이 대상과 몸의 친밀한 공동 작용에 의해 초래된 결과인 만큼, 지각된 세계는 익명적인 타인의 시선이 머무는, 타인의 공존을 내포한 세계라고 지적하면서 지각 행위에 대한 주지론적이고 경험론적인 해석을 비판한다.

3부에서는 지각의 주체는 사유하는 자아인 데카르트식 코기토가 아니라 '세계-로의-존재'인 고유한 몸이고, 반성은 순수하고 투명한 의식 이전에 몸에 입각해야 한다고 주장한다. 또 시간은 객관적인 대상이나 순수한 의식 속에 존재하는 것이 아니라 과거, 현재, 미래의 지평 속에 서로서로 침투하는 동시에 서로서로를 에워싸고 있으므로, 지각하는 주체는 절대적인 무시간적 주체가 아니라 시간적 주체라고 강조한다. 이와 함께 주체가 객관적이고 변함없는 진리를 구상하는 것을 방해하는 시간성과 자유에 대해 설명하면서 인간의 실존적 특징도 밝혀낸다.

모리스 메를로 퐁티, 《휴머니즘과 폭력 : 공산주의 문제에 대한 에세이》, 박현모 옮김(문학과지성사, 2004)

메를로 퐁티가 사르트르와 함께 창간한 《현대》(1945)에 에세이 형태로 연재했던 공산주의에 관한 글들을 모아서 1947년 출간한 책이다. 그는 소비에트 정권의 집권 과정과 모스크바 재판, 부하린 숙청, 트로츠키 암살 같은 사건들을 중심으로 역사 속에서 살아 숨쉬는 마르크스주의 사상에 대해 진지하게 논한다.

송석랑, 《메를로 퐁티의 현상학》(문경출판사, 2001)

전통에 동화되지 않고 유행을 초월한 철학자로 인정받는 메를로 퐁티가 견지한 철학적 사고의 참다운 의의를 살핀 책이다. 저자는 대부분의 현대 사상가들이 이성적·정신적 주체를 해체함으로써 전통적인 합리주의 철학 사상과 단절을 시도할 때, 메를로 퐁티는 지각 세계 안의 모든 진리와 합리적 인간상에 대해 의혹을 제기하면서 토대와 근거를 모색했다고 지적하면서, 그의 철학에 대한 진지한 탐구와 올바른 평가가 부족했음을 반성한다. 또 메를로 퐁티가 제기한 문제들을 심도 있게 다루면서, 메를로 퐁티의 현상학은 관념적 세계의 합리성을 거부하면서 형이상학과의 완전한 단절을 꾀한 것이 아니라 '비이성'이라는 새로운 개념에 입각해 새로운 형이상학을 모색했다는 자신의 견해를 피력한다.

저자는 이 책을 통해, 메를로 퐁티의 현상학 속에서 예술과 철학이 하나의 존재론으로 작용할 수 있는 것은, 반성 이전의 몸이 세상과 최초로 접촉하면서 출현하는 감각의 장 속에서 존재를 드러내기 때문이라고 말한다. 그리고 이 같은 몸에 의한 지각적 탐색으로 존재의 의미는 언제나 불투명하고 모호할 수밖에 없으며, 발생적인 동시에 야생적이라고 말한다. 이러한 사실을 통해 저자는 존재의 의미란 코기토에 의한 명료한 언어로 개념화될 수 없고, '실존의 로고스'라는 침묵의 언어로만 드러날 수 있음을 밝혀낸다. 이에 덧붙여, 후설의 이성 가운데 메를로 퐁티에 의해 거부된 것과 회복된 것이 무엇인지 언급하고, 사태의 본질과 그 의미에 대한 이해는 결국 해석학의 입장과 유사하므로, 존재와 세계의 동일성을 추구한 하이데거와 메를로 퐁티의 철학은 모두 존재론적 해석학이라고 규정한다. 저자는 이것이 슐라이어마허Friedrich Ernst Daniel Schleier-macher에서 출발해 딜타이Wilhelm Dilthey에 이르러 정립된 해석학 이론의 전통과도 밀접한 관계가 있다고 보았다. 마지막 장에는, 메를로 퐁티의 언어에 대한 사색에 좀더 가까이 다가설 수 있도록, 그가 1952년부터 1960년까지 콜레주 드 프랑스에서 표현과 언어에 대해 강의했던 내용을 편집한 〈강의 개요록〉을 부록으로 실었다.

알버트 라빌 주니어, 《메를로 퐁티, 사회철학과 예술철학》, 김성동 옮김(철학과현실사, 1996)

메를로 퐁티의 철학 사상을 두 가지 주제로 나누어 분석한 책이다. 메를로 퐁티가 사상의 형성기에 자신의 철학적 사고의 방법을 찾기 위해 여러 철학자들과 관계를 맺으면서 그들에게 어떤 영향을 받았는지, 그리고 어떤 부분을 비판적으로 수용했는지를 언급하고, 마르크스주의의 영향과 한계를 넘어서 역사와 정치, 사회 현상 등을 기술한 그의 사회철학에 대해 다룬다. 또한 사회철학적 입장에서, 예술의 표현적 역할을 통한 사회참여와 비판 행위 등 예술철학에 대해 다룬다.

이 책은 메를로 퐁티의 철학 세계를 사회철학과 예술철학으로 나누어 총 5부로 구성해놓았다. 《행동의 구조》와 그 이전에 발표된 소논문들을 다룬 1부에서 저자는 인간의 의식과 행위에 대한 합리주의와 고전 심리학의 견해를 비판하고, 메를로 퐁티가 《지각의 현상학》에서 언급한 몇 가지 결정적 문제들에 대한 해결책으로 헤겔과 마르크스의 변증법적 사회철학을 제시하면서 형이상학을 재정비한다. 2부에서는 전후戰後 프랑스의 정치적 상황에 대처하는 사르트르와 메를로 퐁티를 비교하면서, 보편적 계급인 프롤레타리아의 존재에 대해 의문을 제기하고, 이론적 마르크스주의가 안고 있는 모순을 지적한 메를로 퐁티의 시각을 언급한다. 특히 메를로 퐁티가 프롤레타리아 독재에 기초한 보편성이라는 마르크스적 관념을 고수한 사르트르와 결별하면서, 사르트르의 즉자와 대자라는 이분법적 사고가 두 존재의 상호 세계를 간과했다고 비판한 데 주목한다. 이어서 3부에서는 메를로 퐁티가 경험의 통일성과 다양성을 반영한 변증법적 사고의 본질적 특징을 통해 사회철학을 존재철학의 형태로 보충하려고 한 것에 대해 설명한다. 4부에서는 사회철학 속에서 세계를 일차적으로 경험하게 해주는, 예술 표현의 사회적 의미에 대해 다루고, 메를로 퐁티가 하느님의 육화를 내재성 내의 초월성으로 해석하면서 사회철학에서 세계-내재적 종교의 의미를 언급한 데 대해 분석한다. 끝으로 5부에서는 앞서 살펴본 내용을 토대로 메를로 퐁티의 철학적 견해가 우리의 삶에 기여한 바와 한계를 검토한다.

앙드레 말로, 《상상의 박물관》, 김웅권 옮김(동문선, 2004)

어려서부터 예술 작품에 지대한 관심과 열정을 가졌던 말로가, 박물관이나 미술관과 해외 여행을 통해 직접 보고 감상한 문화재와 예술 작품에 대해 쓴 책이다. 선사 시대부터 현대에 이르기까지 전 시대를 망라해 유럽, 아시아, 멕시코 등에 산재해 있는 방대한 역사 자료를 담고 있다. 이 책은 서론과 네 개의 장으로 구성되어 있는데, 서론에서는 박물관의 역할과 그 속에서 벌어지는 작품의 변모에 대해서 간단히 언급하고, 1장에서는 11세기부터 16세기까지 유럽 회화 속에 나타난 픽션의 상상계를 연극 및 문학과 연관시켜서 기술한다. 2장에서는 마네Édouard Manet 이후 현대 회화에 나타난, 초시간적 세계로서의 예술가의 정신성에 대해서 논하고, 3장에서는 현대 예술과 고대 및 중세 예술 가운데, 사진에 의해 직접 가지 않아도 볼 수 있도록 가능해진 상상의 미술관에 대해서 언급한다. 끝으로 4장에서는 회화의 표현과 시의 표현의 유사성을 보여주는, 박물관에서 변형된 작품의 초시간성에 대해서 기술한다. 이 책에서 말로가 가장 강조한 것은 '변모의 이론la théorie de la métamorphose'이라는 개념이다. 예술 작품은 박물관에 들어서면 종교적·장식적·실용적 기능에서 분리되어 순수한 예술 작품으로 변모하는 초시간의 세계 속에 놓이게 된다는 것이다. 결국 이 책에서 말로는, 회화는 종교 예술이 보여준 '초자연의 세계'든, 현대 예술이 보여준 '초시간의 세계'든, 현실이 아닌 픽션의 세계, 즉 '비현실의 세계'를 구현한다는 결론에 도달한다.

조광제, 《몸의 세계, 세계의 몸》(이학사, 2004)

난해해서 접근하기 힘든 메를로 퐁티의 대표적인 저서 《지각의 현상학》을 좀더 이해하기 쉽게 풀어서 쓴 책이다. 저자는 철학 아카데미에서 '지각 현상학의 이해'라는 강좌를 진행하면서 만든 강의록을 토대로 이 책을 썼다. 류의근이 옮긴 《지각의 현상학》과 함께 읽으면 메를로 퐁티의 몸과 지각에 대한 현상학적 고찰을 이해하는 데 많은 도움이 될 것이다.

조너선 컬러, 《소쉬르》, 이종인 옮김(시공사, 1998)

메를로 퐁티는 의미들 사이의 차이를 인정하고 랑그와 파롤을 구분한 소쉬르의 언어 이론에서 많은 영향을 받았다. 하지만 랑그에 관한 통시 언어학과 파롤에 관한 공시언어학은 서로 환원될 수 없다고 주장한 소쉬르와 달리, 메를로 퐁티는 언어의 공시태와 통시태는 서로를 감싸고 있어 따로 연구될 수 없다고 주장했다. 현상학이 언어학적 지식에 내면적인 체험을 더해줄 수 있다고 보는 메를로 퐁티의 언어에 대한 현상학적 견해를 좀더 쉽게 이해하려면 소쉬르의 언어 이론에 대한 연구서를 읽어볼 필요가 있다.

저자는 이 책에서 사회적 규약과 현상을 언어학 연구의 중심 과제로 설정하고, 기호 문제를 강조한 소쉬르의 언어 이론에 대해 쉽고 간략하게 소개한 뒤, 소쉬르 이론의 위상을 소쉬르 이전의 언어학과 정신분석학, 사회학과의 관계 속에서 설명한다. 그리고 마지막에는 소쉬르가 언어학계에 남긴 유산이라고 할 수 있는 기호학의 영역과 기호학적 분석, 애너그램anagram, 로고스중심주의 등에 대해 다루고, 카워드Rosalind Coward와 엘리스John Ellis의 마르크스주의, 라캉Jacques Lacan의 정신분석학, 데리다 Jacques Derrida의 해체철학에서 소쉬르의 언어학이 어떻게 해석되고 있는지 기술한다.

김화자 decielle@hanmail.net

성균관대에서 철학을 부전공하고, 홍익대 대학원 미학과를 졸업한 뒤, 프랑스 파리 10대학Nanterre 철학과에서 '메를로 퐁티와 뒤프렌의 현상학적 지각과 체험'에 관해 연구했다. 그 결실로 〈모리스 메를로 퐁티와 미켈 뒤프렌의 저술에 입각한 미적 지각의 구상〉으로 미학 부문의 박사학위를 받았다. 한국에 돌아와서 여러 대학과 대학원에서 '예술철학', '현상학', '현대철학', '프랑스철학', '포스트모더니즘', '정신분석과 철학 상담' 등을 강의했다. 이외에도 현상학적 지각에 근거해 조형예술작품, 사진영상작품의 해석과 체험 및 비평과 연계된 '미술에의 초대', '사진미학', '영화와 철학' 등을 강의하였다. 현재 성균관대학교 하이브리드미래문화연구소의 책임연구원이자 학부대학 초빙교수로 재직하고 있다. 최근에는 주로 메를로 퐁티의 현상학과 그의 제자이기도 했던 시몽동Gilbert Simondon의 자연철학과 기술철학에 근거해 현대와 미래 기술문화 사회에서 인간-기술의 상호공생에 의한 예술문화 및 공동체에 대해 연구하고 있다.

메를로 퐁티와 뒤프렌의 현상학적 지각을 심화시킨 연구로서 〈모리스 메를로-퐁티 표현론에 나타난 형태와 상징의 관계〉, 〈잠재적인 것으로서 공감각에 대한 현상학적 연구〉가 있다. 현상학적 지각과 존재론에 근거해 사진영상매체의 시각과 존재를 연구해 〈현대 사진 속 '상상적인 것'에 대한 현상학적 연구 : 모리스 메를로-퐁티의 현상학을 중심으로〉란 논문으로 발표했다. 나아가 사르트르, 메를로 퐁티의 현상학적 시선과 프로이트, 라캉의 정신분석적 시선에 근거해 사진의 존재론적 특성을 〈롤랑 바르트의《밝은 방》에 나타난 'interfuit'의 의미와 효과〉와 〈사진에서 응시와 푼크툼punctum의

광기적 진실: 현상학적·정신분석적 이해〉란 논문으로 발표했다.

4차 기술혁명시대를 맞아 디지털 자동화에 근거해 지능형 초연결사회로 급속하게 변화하는 현대사회에서 인간의 삶과 문화에서 기술이 어떤 의미를 지녀야 하는가를 「질베르 시몽동의 기술철학에 나타난 '기술성technicité'의 의미: 현대 정보기술문화 이해를 위한 소고」, 「디지털 아트의 상호작용적 '관계'에 대한 탐색: 시몽동의 개체화와 기술에 대한 사유를 중심으로」, 「현대건축과 소통의 인터페이스: 디지털 스킨과 감각적·미적 '살'공동체」로 연구하였다. 최근에는 인간 '일'의 경험적 가치가 스마트시티에 어떻게 구현되어야 하는가에 대해 「'상호적응형 자동화'모델로서 인간행위-공유플랫폼의 융화: 컬처팩토리로서 팹랩」으로 연구했다.

주요 저서로는 한국연구재단의 저술출판지원사업(2016)으로 수행된 학술도서 《'푼크툼'의 사진현상학》(본북스, 2020)이 출간 예정이다. 공저로는 《미학》, 《프랑스 철학의 위대한 시절: 현상학의 흐름으로 보는 현대 프랑스 사상》, 《하이브리드 포이에시스: 첨단과학기술에 관한 인문적 사유》, 《노년에 관한 인문학적 성찰》, 《공공성과 미래사회》 등이 있다.

간접적인 언어와 침묵의 목소리

초판 1쇄 펴낸날 | 2008년 11월 15일
개정 1판 1쇄 펴낸날 | 2020년 2월 24일
개정 1판 2쇄 펴낸날 | 2020년 4월 6일

지은이 | 모리스 메를로 퐁티
옮긴이 | 김화자
펴낸이 | 김현태
펴낸곳 | 책세상

서울시 마포구 잔다리로 62-1, 3층 (우편번호 04031)
전화 | 02-704-1251 (영업부) 02-3273-1333 (편집부)
팩스 | 02-719-1258
이메일 | bkworld11@gmail.com
광고·제휴 문의 | bkworldpub@naver.com

홈페이지 | chaeksesang.com   페이스북 | /chaeksesang
트위터 | @chaeksesang   인스타그램 | @chaeksesang   네이버포스트 | bkworldpub

등록 1975. 5. 21 제1-517호

ISBN 979-11-5931-463-6 04080
      979-11-5931-221-2 (세트)

• 이 도서의 국립중앙도서관 출판시도서목록(CIP)은 서지정보유통지원시스템 홈페이지
(http://seoji.nl.go.kr)와 국가자료공동목록시스템(http://www.nl.go.kr/kolisnet)에서
이용하실 수 있습니다.(CIP제어번호 : CIP2020003406)

책세상문고·고전의 세계